草原民俗风情漫话

漫话蒙古族
男儿三艺与狩猎习俗

田宏利／编著

内蒙古人民出版社

图书在版编目(CIP)数据

漫话蒙古族"男儿三艺"与狩猎习俗/田宏利编著.–呼和浩特:内蒙古人民出版社,2018.1

(草原民俗风情漫话)

ISBN 978-7-204-15227-8

Ⅰ.①漫… Ⅱ.①田… Ⅲ.①蒙古族–狩猎–少数民族风俗习惯–介绍–中国 Ⅳ.①K892.312

中国版本图书馆 CIP 数据核字(2018)第 005363 号

漫话蒙古族"男儿三艺"与狩猎习俗

编 著	田宏利	
责任编辑	王 静	
责任校对	李向东	
责任印制	王丽燕	
出版发行	内蒙古人民出版社	
地 址	呼和浩特市新城区中山东路 8 号波士名人国际 B 座 5 楼	
网 址	http://www.nmgrmcbs.com	
印 刷	内蒙古恩科赛美好印刷有限公司	
开 本	880mm×1092mm 1/24	
印 张	8.5	
字 数	200 千	
版 次	2019 年 1 月第 1 版	
印 次	2019 年 1 月第 1 次印刷	
书 号	ISBN 978-7-204-15227-8	
定 价	36.00 元	

如发现印装质量问题,请与我社联系。联系电话:(0471)3946120

编委会成员

序

北方草原文化是人类历史上最古老的生态文化之一，在中国北方辽阔的蒙古高原上，勤劳勇敢的蒙古族人世代繁衍生息。他们生活在这片对苍天、火神、雄鹰、骏马有着强烈崇拜的草原上，生活在这片充满着刚健质朴精神的热土上，培育出矫捷强悍、自由豪放、热情好客、勤劳朴实、宽容厚道的民风民俗，创造了绵延千年的游牧文明和光辉灿烂的草原文化。

当回归成为生活理想、追求绿色成为生活时尚的时候，与大自然始终保持亲切和谐的草原游牧文化，重新进入了人们的视野，引起更多人的关注和重视。

为顺应国家提倡的"一带一路"经济建设思路和自治区"打造祖国北疆亮丽风景线"的文化发展推进理念，满足广大读者的阅读需求，内蒙古人民出版社策划出版《草原民俗风情漫话》系列丛书，委托编者承担丛书的选编工作。

依据选编方案，从浩如烟海的文字资料中，编者经过认真而细致的筛选和整理，选编完成了关于蒙古族民俗民风的系列丛书，将对草原历史文化知识以及草原民俗风情给予概括和介绍。这套

丛书共10册，分别是《漫话蒙古包》《漫话草原羊》《漫话蒙古奶茶》《漫话草原骆驼》《漫话蒙古马》《漫话草原上的酒》《漫话蒙古袍》《漫话蒙古族男儿三艺与狩猎文化》《漫话蒙古族节日与祭祀》《漫话草原上的佛教传播与召庙建筑》。

丛书对大量文字资料作了统筹和专题设计，意在使丰富多彩的民风民俗跃然纸上，并且向历史纵深延伸，从而让读者既明了民风民俗多姿多彩的表现形式，也能知晓它的由来和在历史进程中的发展。同时，力求使丛书不再停留在泛泛的文字资料的推砌上，而是形成比较系统的知识，使所要表达的内容得到形象的展播和充分的张扬。丛书在语言上，尽可能多地保留了选用史料的原创性，使读者通过具有时代特点的文字去想象和品读蒙古族民风民俗的"原汁原味"，感受回味无穷的乐趣。丛书还链接了一些故事或传说，选登了大量的民族歌谣、唱词，使丛书在叙述上更加多样新颖，灵动而又富于韵律，令人着迷。

这套丛书，编者在图片的选用上也想做到有所出新，选用珍贵的史料图片和当代摄影家的摄影力作，以期给丛书增添靓丽风采和厚重的历史感。图以说文，文以点图，图文并茂，相得益彰。努力使这套丛书更加精美悦目，引人入胜，百看不厌。

卷帙浩繁的史料，是丛书得以成书的坚实可靠的基础。但由于编者的编选水平和把控能力有限，丛书中难免会有一些不尽如人意的地方，敬请读者诸君批评指正。

编　者
2018 年 4 月

目录

contents

01. 草原上的盛会——那达慕 / 01

02. 那达慕是怎样炼成的 / 09

03. 男儿三艺都有啥 / 21

04. 人人都是好射手 / 31

05. 狩猎经济靠骑射 / 41

06. 灵活机动的弓骑兵 / 55

07. 冷兵器时代的王者 / 61

08. 传承千年的赛马风 / 67

09. 别具一格的祝颂词 / 73

10. 草原上的伯乐——敖亚齐 / 79

11. 中世纪的无敌铁骑 / 89

12. 善于学习的游牧骑兵 / 97

13. 游牧骑兵的悲情谢幕 / 103

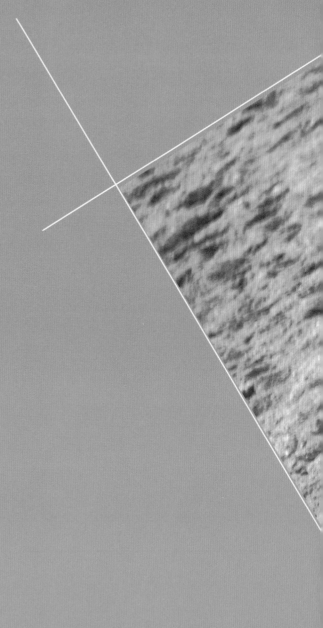

目录

contents

14. 近代骑兵的落寞散场 / 115

15. 蒙古族搏克很有料儿 / 125

16. 雄鹰展翅入场来 / 135

17. 狩猎备战两不误 / 147

18. 男儿酷爱狩猎场 / 155

19. 各具特色的打猎围 / 163

20. 精心策划猎虎围 / 175

21. 射箭好手哈撒尔 / 185

参考书目 / 195

后记 / 196

01

　　那达慕的内容和形式在各个历史时期不断丰富和扩展，但摔跤、赛马、射箭的"男儿三艺"，却始终是其最为核心的标志性的符号表达。

　　那达慕大会是居住在内蒙古自治区各地的蒙古、鄂温克、达斡尔等少数民族人民的盛大集会，"那达慕"是蒙古语音译，意思是娱乐或游戏。13世纪初，成吉思汗统一了蒙古诸部，为检阅自己的部队，维护和分配草场，每年在农历的七八月份，草原上

草原上的那达慕

水草丰茂、牛羊肥壮的季节，都要举行大"忽里勒台"（即大聚会）。将各个部落的首领召集在一起，推举官员，修改法令，制定方略。其间，为表示团结友谊和祈庆丰收，都要举行那达慕大会。大会上有歌舞娱乐、摔跤、射箭、赛马等比赛项目，其中竞技占较大比重。

　　起初的那达慕大会，只举行射箭、赛马或摔跤的某一项比赛。在元朝时，那达慕已经在草原上广泛开展起来，并逐渐成为军事体育项目。元朝统治者规定，蒙古族男子必须具备摔跤、骑马、射箭这三项基本技能。到元末明初时，射箭、赛马、摔跤这三项比赛已经结合在了一起，成为固定形式。后来蒙古族人亦简称此三项运动为那达慕。清代，那达慕逐步变成了由官方定期召集的有组织、有目的的游艺活动，规模、形式和内容均有发展。当时的蒙古族王公以苏木、旗、盟为单位，半年、一年或三年举行一次那达慕大会，并对比赛胜利者分等级给予奖赏和称号。

　　那达慕的内容和形式在各个历史时期不断丰富和扩展，但摔跤、赛马、射箭的"男儿三艺"，却始终是其最为核心的标志性符号表达。按蒙古族的传统习惯，那达慕大会有大、中、小三种类型。大型那达慕大会：参加摔跤赛的五百一十二人或一千零二十四人，马三百匹左右，会期七至十天；中型那达慕大会：摔跤手二百五十六名，马一百至一百五十匹，会期五至七天；小型那达慕大会：摔跤手一百二十八名或六十四名，马三十至五十匹左右，会期三至五天。无论何种民族与宗教信仰的人，均可报名参加。大型的那达慕冠军获得者，要奖给鼻带银环、背驮珠宝绸缎九九八十一件赏物的银白色骆驼。中型的那达慕大会奖励一匹全鞍的马，小型那达慕上获胜的摔跤冠军，一般奖一只羊或几块砖茶，现代那达慕还增加了女子项目，少年摔跤和马球、马术等比赛，同时还举行物资交流活动。

　　每年的那达慕大会上，集市贸易、艺术品和餐饮业的活动也是特别热闹。举办于蒙古国乌兰巴托郊区的中央那达慕，至今还有一些部落聚会的余韵，场面依旧壮观。

　　为了参加这一草原盛会，许多蒙古国内的民众不惜骑上几个星期的马远道而来，也有人搭着破旧的卡车，一路晃到乌兰巴托，更有甚者干脆赶着骆驼拖辆小车，装上全部的家当、食物，在首都近郊连吃带住玩上一个礼拜。

　　随着游客们从不同的地方纷沓而至，旷野上马蹄翻腾，尘土飞扬。每天都能见到新的蒙古包从首都四面八方延伸出去，袅袅的炊烟从各个蒙古包顶的烟囱里冒了出来。每个蒙古包前面都有两根柱子，中间悬根绳子，这根绳子是让远道而来的客人系马用的，一根绳子系上十来匹马都没有问题。

　　每当乌兰巴托四周荒芜的平原被夜幕遮掩，骑马的和走路的人们，就会在蒙古包中往来穿梭，呼朋引伴，喝茶暖身，夸耀坐骑，到四处转转看有没有来了新的朋友，相互之间交流有些什么新鲜

的事情。

民俗是与人们日常生活息息相关的生活文化，其中包含着丰富的符号系统和象征意义。民俗文化中的符号与象征，以一种约定俗成的民间惯例和内容丰富的民俗语言满足人们的心理需求，体现民众的信仰和追求。所谓象征，作为一种表达方式，是借助于特定具体的事物，寄寓某种精神品质或抽象事理，显现出抽象的意蕴。民俗现象都是用不同的代码传递着某种特别的信息。在民俗交流活动中，每一个信息也都是用符号构成的，包括语言的和非语言的。民俗符号系统的客观存在，并非随意，而是具有较为固定的结构，遵循着一定的规律。民俗符号作为民俗表现体，是用某一个民俗事物做代表，来表现或表示它所能表示的对象，最后则要由具体背景中的人对它的含义或概念做出公认的解释。那达慕作为蒙古族的一项重要民俗事项，它具有丰富多彩的符号象征体系，并通过应用这些符号，隐性地表达着蒙古族民众深层的信仰和追求。

博克、赛马、射箭这三项技艺，承载着蒙古族古老的文化信息，充分展示了蒙古族勇敢、豪迈、坚韧、乐观、友善、质朴的民族气质。在现代，那达慕多元发展的时期，这三项传统符号仍占据着核心地位，在不同类型的那达慕当中，仍作为重要内容和表达予以展现。虽然这三项核心内容在不同组织、不同地域的那达慕中，发展得并不均衡，但那达慕中，这三项核心内容始终被同时提及，被建构和锻造成为一种跨越时空的"真实的历史性存在"。

那达慕是怎样炼成的

　　蒙古高原幅员辽阔，人烟稀少，一年一度的那达慕大会是草原上的大事。

　　那达慕大会每年都会在草原上的各个地方举行。草原聚会也是草原人的精神需要，每年的七八月间，草原阳光明媚，金风送爽，是牧人们喜庆丰收的最好时节。从呼伦贝尔到科尔沁，从锡林郭勒到乌兰察布，从鄂尔多斯到阿拉善，广袤的草原上，每个不同的区域都要举办一年一度的那达慕盛会。盛会期间，他们会准备好各种美味的传统食品，酿制马奶酒，宰杀牛羊，缝制新衣服，各地农牧民骑着马，赶着车，带着皮毛、药材等农牧产品，成群结队地汇集于各自地域的那达慕会场，并在会场周围的草原上搭起白色蒙古包。熬茶煮肉，炊烟升腾缭绕，人欢马叫，别有一番

　　情趣。这是融文体、经贸、旅游于一体的草原盛会，整个草原沉浸在一片欢乐祥和的气氛之中。尽显草原人民的风采和蒙古人的风貌。

　　蒙古高原幅员辽阔，人烟稀少，一年一度的那达慕大会是草原上的大事。《绥蒙辑要》载："鄂博之祭日，则部落人民野外团聚，欢娱终日为常。"此后，举行传统的赛马、射箭、摔跤、唱歌、跳舞等娱乐活动，主要就是因为"鄂博之祭日"举行的那达慕活动。

　　那达慕在历史上长期以"耐亦日"（聚会）的形式存在。在没有形成独立的、以娱乐竞技为核心的主题之前，那达慕活动从属于各种草原聚会，那达慕常常作为敖包祭祀的附属活动而进行，牧民对天地神灵的崇敬和感激的情结，通过聚会中的祭祀活动得以寄托。

"男儿三艺"——骑马、射箭、摔跤，对于北方各民族来说极其普遍，其形成与北方草原的地理环境和游牧民族的生产生活方式有很大的关系。策马驰骋是游牧民族对开阔草原的适应；骑射是北方民族对其狩猎时代的技艺展示；摔跤则是草原人勇力与智力的角逐。蒙元以前，一方面，草原上生产力水平逐渐提高，"男儿三艺"除了是游牧民族必备的生产生活技能之外，也开始具有娱乐的特殊功能；另一方面，草原上部落林立，战争频繁，客观上为"男儿三艺"的发展提供了更广阔的空间。

这一时期的那达慕活动，虽然没有专门的文献记载，但从散于各文献中关于"男儿三艺"的记载，大致可窥见一些特点：首先，分别举行。彼时，常在忽里勒台大会（部落首脑会议）或敖包祭祀、诈马宴之后即兴举行。没有太多的游戏规则，常依札撒（习惯法）评定胜负。"男儿三艺"往往不同时进行，只举行其中的一种或

博克手的较量

两种，其中，摔跤活动进行的比较频繁。

《蒙古秘史》中对成吉思汗的胞弟别勒古台与"国之力士"
不里孛阔摔跤的情景进行了生动的描述："不里孛阔能以只手执
别勒古台，以只足拨倒，压而不令之动之者也。"同时，设立专
门的管理机构。《元史》"延佑六年六月戊甲，置勇校署……"
这个时候就已经开始出现专业摔跤手，优秀者可获得丰厚奖励，
如《元史》中有记载："至大三年四月辛未，赐角抵者阿里银千两，
钞四百锭。"

此外，女性摔跤手也开始出现。《马可·波罗行纪》记载了
海都王之女阿吉牙尼惕以角力择偶的事件："来较力之贵人之子
甚众，皆不敌"。后一富强国王之子"勇侠，而力甚健" 闻之，
前来相搏，"女仆王子于地。结果王子既仆，引为大耻大辱……"

可见，早在蒙元时期，即有女子参加摔跤活动。由此可见，角抵一事在蒙元时期极为盛行。

蒙元时期是那达慕活动发展的高潮时期，主要源于当时畜牧业的空前发展，战争的不断刺激以及那达慕作为政治手段被统治上层推行。国家一统，蒙古人策马南下，入主中原；扬鞭西指，横跨欧亚，铁蹄所到之处，都宣扬着以"男儿三艺"为代表的尚武精神。

元朝灭亡，蒙古贵族虽然丧失对全国的统治权，退居漠北，但"男儿三艺"等活动因回归草原，愈加盛行。明清政府极为推崇那达慕活动，一方面自娱自乐，另一方面也是为了控制、拉拢、安抚少数民族贵族。清时的"木兰行围"，即是皇帝带领王公大臣以及蒙古、喀尔喀诸蕃贵族进行的大规模的围猎活动。"每岁举行秋狝之典，历朝因之。""驰骋田猎之为娱"。到18世纪，那达慕逐渐演变为包括"男儿三艺"全部内容的有组织、成规模的群众性文化娱乐集会。

随着蒙古民族自身的发展以及他族政权对其的影响，那达慕活动呈现多元化特点：在国事的政务方面，中央政府以此与蒙古贵族联络感情，商讨重大事务；地方政府以此来处理赋税征收、户口管理、官员更替等事务；在宗教事务方面，出现了由寺庙主

持召开的专门的那达慕活动，例如 1730 年，巴林右旗 13 个寺庙的千余名喇嘛就曾集中到大板荟福寺举办"六月庙会"，进行了包括"男儿三艺"在内的那达慕活动；经济贸易方面，在游戏和竞技之余，同时进行着资源的互通有无。还有就是拥有了独立主题：例如 1765 年，阿拉善第三代王爷罗布桑多尔济迎娶清朝公主为福晋，就特意举行了"乌日森耐亦日"。随着时代的演变，在以那达慕这一形式的聚会庆典当中，除了传统的"男儿三艺"之外，还增加了歌舞表演、物资交流等内容。明、清两朝，特别是清以后的那达慕活动，娱乐的成分逐步增多。

从清末开始，蒙古地方内有匪患，外有兵灾，牧民的生活十分艰难。宣统三年，草场退化、牧群锐减，军阀派兵进入蒙古地区，纵兵抢掠，赖以支撑的物质基础遭到重创。此时的那达慕在本质上也发生了变化，即由人民的集体娱乐活动变为阶级压迫的工具。蒙古贵族以召开那达慕为由，向牧民征收各种物资；强征牧民中优秀摔跤手为王府卫队成员，供其差遣；各蒙古王爷彼此之间常利用摔跤进行赌博。这样的那达慕，百姓都是被动参与，只是为上层贵族助兴而已，而且各种比赛都有潜规则，时人云："执政大官的跤手的力量就是差些，下属官员带的跤手力量大些，进了跤场也要让一手。" 由于各阶层王公贵族们的操纵，那达慕大会上会经常看到由王爷的摔跤手、赛马手和射箭手获得冠军的场景。

故事链接：

猎人海力布

从前有一个猎人，名叫海力布，因为他靠打猎生活，大家都叫他安格沁海力布。他很愿意帮助人，打来猎物，从不独自享用，总分给大家，因此，海力布很受大家尊敬。

一天，海力布到深山去打猎，在密林的旁边，看见一条白蛇盘睡在山丁子树下。他放轻脚步绕过去，不去惊动它。正在这时，忽地从头上飞过来一只灰鹤，"嗖"的一声俯冲下来，用爪子抓住了盘睡的小白蛇，又腾空飞去。小白蛇惊醒后，尖叫："救命！""救命！"海力布急忙拉弓搭箭，对准顺山峰飞升的灰鹤射去。灰鹤一闪，丢下了小白蛇就飞跑了。海力布对小白蛇说："可怜的小东西，快回去找你的爸爸妈妈去吧！"小白蛇向海力布点了点头，表示了感谢，就隐到草丛里去了。海力布也收拾好弓箭回家了。

第二天，海力布正路过昨天走过的地方，看见一群蛇拥着一条小白蛇迎了过来。海力布觉得奇怪，想绕道过去，那条小白蛇却向他说道："救命的恩人，您好吗？您可能不认得我，我是龙王的女儿。昨天您救了我的性命，爸爸妈妈今天特地叫我来接您，请您到我们家去一趟，爸爸妈妈好面谢您。"小白蛇又继续说："您到我的家里以后，我爸爸妈妈给您什么您都别要，只要我爸爸嘴里含着的宝石。您得着那块宝石，把它含在嘴里，就能听懂世上各种动物的话。但是，您所听到的话，只能自己知道，可不要向别人说，如果向别人说了，那么您就会从头到脚，变成僵硬的石头而死去。"

海力布听了，一面点头，一面跟着小白蛇向深谷里走去，越走越冷，走到一个仓库门前，小白蛇说："我的爸爸和妈妈不能请您到家里去坐，就在仓库门前等您，现在已经来到这里了。"

正当小白蛇说话的时候，老龙王已经迎上前来，他恭敬地说："您救了我的爱女，我感谢您！这是我聚藏珍宝的仓库，我带您进去看看，您愿意要什么，就拿什么去，请不要客气！"说着，把仓库门打开，引海力布进屋，只见屋里全是珍珠宝石，琳琅满目。老龙王引着海力布看完这个仓库又走到另一个仓库，就这样一连走了一百〇八个仓库，但是海力布却没有看中一个宝贝。老龙王很难为情地问海力布："我的恩人！我这些仓库里的宝物，您一个也不稀罕吗？"

海力布说："这些宝物虽然很好，但只可以用来做美丽的装饰品，对我们打猎的人来说，没有什么用处。如果龙王真想给一点东西作纪念，就请把嘴里含的那块宝石给我吧！"龙王听了这话，低头沉思一会，只好忍痛把嘴里含的那块宝石吐了出来，递给海力布。

海力布得了宝石，辞别龙王出来的时候，小白蛇又跟着出来，再三叮嘱他说："有了这块宝石，您什么都可以知道。但是您所知道的一切，一点也不许向别人说。如果说了，那时一定有危险。您可千万要记住！"

从此，海力布在山中打猎更方便了。他能听懂雀鸟和野兽的语言，隔着大山有什么动物他都能知道。这样过了几年。有一天，他仍然到山里打猎，忽然听见一群飞鸟议论说："我们快到别处去吧！明天这里附近的大山都要崩裂，涌出的洪水，泛滥遍野，不知要淹死多少野兽哩！"

海力布听见了这个消息，心里很着急，也没有心思再打猎了，赶紧回家，向大家说：

"我们赶快迁移到别处去吧！这个地方住不得了！谁要不相信，将来后悔就来不及了！"

大家听了他的话都很奇怪，有的认为根本不会有这桩事，有的认为可能是海力布发疯了，谁都不相信。急得海力布掉下眼泪说："大家难道先让我死了，才相信我的话吗？"

几个年老的人向海力布说："你从来不说谎话，这是我们大家都知道的。可是你现在说这个地方住不得，这是为什么呢？"

海力布想：灾难立刻就要来到了。如果我只顾自己避难，让大家受祸，这能行吗？我宁肯牺牲自己，也要救出大家。于是，他把如何得到宝石，如何利用打猎，今天又如何听见一群飞鸟议论和忙着逃难的情形，以及不能把听来的事情告诉别人，如果告诉了，立刻就会变成石头而死等等，说了出来。海力布边说边石化，渐渐变成了一块僵硬的石头。大家看见海力布变成了石头，只好忍着悲痛赶着牛羊马群，匆忙把家迁走。这时阴云密布，大雨已经下起来了。到第二天早晨，在轰隆的雷声中，忽然听见一声震天动地的响声，霎时山崩水涌，洪水滔滔。大家都感动地说："不是海力布为大家而牺牲，我们都要被洪水淹死了！"

后来，大家找到了海力布变的那块石头，把它搁在一个山顶上。好让子子孙孙都纪念这个牺牲自己保全大家的英雄海力布，子子孙孙都祭祀着他。据传说，现在还有叫"海力布石头"的地方。

男儿三艺都有啥

03

每年那达慕大会上产生的冠军，其名声会立即传遍草原，格外受人尊敬。

蒙古族自古生活在北方辽阔的草原上，"以车马为家"常年逐水草迁徙。自然环境的严酷，要求人们必须具备强壮的体魄、坚强的毅力以及高超的技艺，才能适应游牧生产和生活的需要，因此蒙古民族历来就重视和酷爱体育竞技。

　　蒙古族自古以来就以能骑善射和身强力壮著称。《元史》说："元起朔方，俗善骑射"。《夷俗记·教战》载："胡儿五六岁时，即教之以乘马……稍长则教之以蟠鞍超乘，弯弧鸣镝，又教之以上马则追狐逐兔，下马则控拳擘张，少而习焉，长而精焉，不见异物而迁焉"。元朝建立后，统治者为了巩固统治，明确规定蒙古族男子必须具备骑马、摔跤、射箭三项技能，这三项技能便是蒙古族的"男儿三艺"。

　　"男儿三艺"中的赛马分为赛走马和赛快马两类。成年人赛走马，妇女儿童赛快马。赛程最短 16 公里，最长 60 公里，一般都是 30—40 公里。赛走马，既赛快，更赛美，包括赛马的外貌、走路奔跑的姿态，马的鞍子、赛手的穿戴和姿势；赛快马，是不备鞍鞯的骣骑直赛，以赛速度为主。挑马、驯马是赛马取胜的基础，所以赛马前赛手都要挑选和调教比赛的马匹，一般要调教 15

天左右，蒙古族称为"吊马"。在那达慕大会上，取得名次的马匹都要集中到主席台前，依名次排好队，听牧民唱诵赞马诗。赞马诗的内容十分丰富，马的形象、产地、放牧者、调教者、骑手、比赛的特点等，都囊括其中。此外，还要特别表彰冠军，在获得第一名的马的头上或身上泼洒奶酒或鲜奶。

蒙古族"不鞍而骑，大弓长箭尤善射"。弓箭最初用于狩猎和作战，在兵器不发达的古代，弓箭的作战威力可想而知。成吉思汗和他的军队，正是凭借着在当时罕与匹敌的疾风骤雨般的骑射武功而统一中国、开疆拓土的。在冷兵器时代的古代社会，马上的弓箭手们射出的利箭是一种不直接交锋的武器，在当时具有战斗力和摧毁敌人士气的作用，几乎与今天枪手们的子弹作用一样。可见，在游牧民族和农耕民族的冲突中，游牧民族往往占据着明显的军事优势。

元朝建立后，射箭除习武之外，也作为一种体育竞技项目。"男儿三艺"中的射箭比赛分骑射和静射两类。骑射中射手身穿

窄袖紧身短袍，背弓箭，乘马到起跑线，令发后起跑，抽弓搭箭，瞄靶射击。一般规定每个射手射九支箭，分三轮射完，每一轮设三个靶位，以中靶箭数环数多少而确定前三名，给予奖励。如果一弓三箭在射程内没有射完，被认为是不光彩的事；静射的射程要比国际射箭中的射程短，一般为 15 米或 20 米，使用的靶是五种颜色的"毡牌靶"，靶的中心是活动的，中箭后就掉下来。三箭射完，以中靶箭数评出优胜者。静射还有种形式，是射几十米远处堆在地面上的目标，这种目标是用皮筋制作的小目标堆积起来的底宽上尖的三角形，谁能一箭射中底部的关键小目标，使塔形目标全部倒塌，谁就是优胜者。

"男儿三艺"中的摔跤，蒙古语为"搏克"，是蒙古族的长项，我国体育运动会摔跤项目的奖牌，多为蒙古族选手包揽。蒙古族

摔跤，起初具有很突出的军事体育性质，主要用以锻炼体力、毅力、技巧等。按照蒙古族的传统习惯，赛前要推选一位德高望重的长者主持编排，根据报名参赛选手的情况，少则编为32人或64人，多则编为512人或1024人，不能出现奇数。比赛采用单淘汰式，一跤分胜负，膝盖以上任何部位先着地者为败。比赛不限时间，不分体重。摔跤手有专门的服装，蒙古语叫"卓德格"。上身为牛皮或帆布制成的紧身半袖背心，钉有银钉或钢钉；腰系红、蓝、

黄三色绸子做成的围裙。下身穿用 5 米或 10 米白布特制的肥大摔跤裤，外面还要套上印有花色图案的套裤，这样出汗不沾衣服，且可以防止伤害事故。脚穿蒙古靴或马靴。

此外，有的赛手脖子上还要套上五色绸条做成的类似项圈的"将嘎"（或称"江嘎""章嘎"），将嘎标志着赛手取得胜利的次数，得胜次数越多，彩条越多。赛手出场前要唱摔跤歌、跳鹰步舞。在那达慕大会上，成百上千的选手龙争虎斗，扭法盘旋，蔚为壮观。凡参加那达慕的摔跤手都有奖。历史上，大型那达慕

的摔跤冠军曾获得过九种八十一件奖品，因而声名远扬，荣耀异常。现在，摔跤比赛第一名常奖马一匹，第二名奖牛一头。

尽管这三项古老的竞技运动被称作"男儿三艺"，但女性也可以参加其中的两项：即女子射箭与赛马。只有摔跤是男人的专利，不过历史上，也有例外。在《马可·波罗游记》中，记载了一位豪勇无敌的蒙古奇女子。她是一位大汗的女儿，靠着精湛的摔跤技术，名扬大漠，赚进大笔财富。许多不服气来挑战的大男人，没有不败在她手下的，只能眼睁睁看着她洋洋得意。被打败的人，还得交出一部分牲口，作为彩金，这个大汗女儿单靠摔跤，就赢了一万多匹骏马。但是，这个公主却也因此独守空闺。有一次，一个与公主很般配的青年王子上门求亲，大汗要他的女儿把性子收一收，别再把对方摔得鼻青脸肿，公主断然拒绝，照样把他压在地上，年轻的王子"羞愧无比，黯然离开"，留给公主一千匹马。大汗死心了，从此带着他的女儿一同征战。"大小战役，公主莫不身先士卒"，马可·波罗写道，"竟然找不到比公主更强悍的对手。两军对垒，公主经常倏地冲入敌阵，生掳敌将，敌人无可奈何。"

草原上的蒙古族同胞借助这种娱乐的形式，以达到强身健体和增强战斗力的目的。每年那达慕大会上产生的冠军，其名声会立即传遍草原，格外受人尊敬。如果一个姑娘能与一个优秀的骑手、射手、摔跤手相爱，更是一种足以傲娇自豪的荣耀。

04

在草原上，射箭不仅在男子间广泛开展，它也是姑娘们喜爱的一项运动，优秀的女射手在蒙古族人民中并不少见。

　　早在人类祖先告别石器的时代，狩猎和游牧民族的先民们就拿起了弓箭。在蒙古族民间艺人的说唱中，凡涉及力大无穷的英雄与恶势力的代表蟒古斯对阵的场面，没有一位是采取鼠窃狗盗的偷袭战术，全是光明磊落的三技拼搏，举凡军队出征、凯旋班师、打猎出发或祭祀敖包时，都要进行射箭比赛以壮军威国威。难怪古书上把蒙古族呼为"引弓之民"了。

　　随着日月交替，斗转星移，弓箭也完成了狩猎工具、战争武

器和体育器械的转化。但它在蒙古人民心目中的地位仍然十分崇高。有的部落每逢家庭中举行重要的礼仪活动，都要把射手请到门前进行射箭表演，来个"开门见喜"。蒙古族牧民只要在野外捡到一枚青铜箭镞，便奉为"天箭"，拿来钉在小孩子的袍子上，或把小弓置于婴儿的摇篮中，和着催眠曲一起守护孩儿的太平梦。至今，鄂尔多斯的小伙子迎娶新娘的时候，仍要像出征一样乘马背箭。来到新娘家门口，女方要在新郎箭囊里投进一支羽箭，这些都使人想到蒙古民族那骁勇的祖先和汗国时代男儿从军的盛况。

13 世纪成吉思汗统一蒙古诸部落后，射箭活动得到迅速发展，骑射技艺闻名于世。成吉思汗手下的大将哲别就是一个著名的射箭能手。据记载：哲别"猿臂善射，挽弓二百强"。他是蒙古帝

国第一猛将，原名只儿豁阿歹。初臣服蒙古泰赤乌部，后投降成吉思汗。赐名"哲别"（箭镞之意），又译"者别"。哲别骁勇善战，他的射术堪称古今无双，经常射击飞动中的碗以练习，且百发百中。一次战斗中，哲别伸手抓过敌军射来的已断了头的箭，搭上弓再射回去，一箭穿透敌方主将心窝！这还不算，当时成吉思汗的小女儿因想观赏哲别箭法，竟在自己头顶放了一只"沙斯特"（老鼠），要求哲别射击，这可吓坏了众将，但哲别毫不紧张，面带微笑，搭上箭，瞄准小公主头顶看了很久，只听得见"嗖"一声响，小公主摸摸了头顶，老鼠不见了，而自己并无丝毫箭枝碰到头发的感觉！ 当时，整个欧亚大陆只要一听到神箭手哲别的大名，都为之颤动！敌人们竟也毫不吝啬的送他"神箭无敌大将军"的美誉。

在草原上，射箭不仅在男子间广泛开展，它也是姑娘们喜爱

的一项运动，优秀的女射手在蒙古族人民中并不少见。

男女分别竞技，但都使用相同的装备，较量同样的技巧——他们用的是草原战士习用的双弧战弓，使用蒙古扳指来拉弦。现在的蒙古扳指是皮制的，以前则是用石头雕刻而成的，它可以协助射手控好弓弦，拉弓射箭之际，要比赤手利落得多。那达慕射箭的目标，远在射箭场的另一端。参赛者要设法把箭射在圆形木垛红心上。想要射得好，不但双臂要有力气，拉弓的技巧更是不能轻视。由于距离过远，射手自己看不到成绩，要靠裁判目视判定，再高声宣布结果。现代的射箭距离是一百八十步到三百步（即 300—500 米左右，古时一步相当于现在 1.75 米），难度等于要求射手远远看到土拨鼠从地表钻出头，就要一箭把它射死。据雕刻于 1225 年的《也松歌碑文》载，成吉思汗在征服花剌子模后，在布哈萨朱亥地方召集众诺彦们开了盛会，也松歌把箭射出三百六十步（即 630 米）的距离。

相比而言，骑射更受蒙古族人民喜爱，大型的骑射比赛参加

成吉思汗蒙古军草原激战图

者多达数百人。

　　骑射在辽、金、元统治时期就十分盛行。每逢重大节日便举行各种骑射活动。据史料记载，辽有"射兔"，金有"射柳"，到了元代，则以骑射立国，将弓矢作为战争的主要武器。《黑挞事略》云："凡其奔骤也，趾立而不坐，故力在跗者八九，而在髀者一二，疾如飙至，骑射劲如山压，左旋右折如飞翼，故能左顾而右射，不特抹秋而已。蒙古族骑马多直乘鞍上，无拱背坐马之势，因而疾驰如飞，左顾右射"。

　　古代蒙古骑兵纵横欧亚的剽悍战技，仍依稀可以在今天的那达慕射箭比赛中领略。蒙古骑兵为中古战争带来了革命性的影响，一如英国的长弓箭手，终结了西欧重装武士独霸的局面。英国的长弓箭手射程可达二百多米，但是，使用牛筋、韧木制成的蒙古双弧战弓，却射得更远。开战之际，蒙古的骑兵弓箭手，从不可思议的远方开弓，箭直接射到敌人面前，吓得他们魂不附体，无力反击。军事史学家哈特认为，蒙古骑兵发明了"火攻"，配合当时的新锐武器，是他们战无不胜的关键。蒙古人扎稳阵脚之后，就以强弓硬弩猛射一轮，来个下马威，接着，弩弹、火器、大炮，纷纷出笼，对手根本难以招架。根据西方历史学家的记载，炮石纷纷坠地，"如秋风扫落叶"，西方士兵无心恋战，只能仓皇逃命。在当时，每个蒙古骑兵都会随身携带两张弓，一张远射，一张近射。一场仗打下来，至少射出六十支箭，其中还包括了让欧洲人闻之色变的穿甲火箭。火箭一射出，顿时烟雾弥漫，而尖锐的响箭配合着黑旗与白旗的指挥，进退驱避，从容应战。蒙古人越是胸有成竹，敌人就越胆战心惊。蒙古骑兵周而复始的冲击，再发挥高度默契，不惊不扰地撤退；敌人刚刚松口气，手持长枪的蒙古骑兵就又默默抵达战场，开始重创敌人，杀得对手片甲不留。

　　不过，人们今天经常看到的，还是草原那达慕盛会的骑马射

箭。将细皮筋编结成靶，摆在四十五米以外的地方，双方轮流射击以决定胜负。其中又分个人或团体射击两种。有的地方还保持着游牧民族简易轻便的特点，将三个糟羊皮装满灰土，悬于树上。射手披弓挂箭，飞马而过的瞬间，即可解弓抽箭射击，以皮囊流灰为中，多中者为优。

故事链接：

神箭手额日黑莫尔根

传说远古时，天空出现了七个太阳，暴晒成灾，土地龟裂，江河干涸，草木枯萎，饿殍遍野，牲畜倒毙，万物生灵已经到了

无法生存的境地。那时候,有一位名叫额日黑莫尔根的神箭手,
大家都去哀求他赶快把空中的太阳射下来,不然整个大地上的生
物就要全部毁灭。额日黑莫尔根发誓说:"我如果不能用七支箭
将七个太阳射下来,便割掉自己的食指变个不饮水、不吃宿草的
动物,藏在洞里生活。"于是他便开始从东到西依次射太阳,他
用六支箭很快射落了六个太阳。当他弯弓正要射第七个太阳时,
突然飞来一只燕子,使得射出去的箭只把燕子的尾巴分开一个豁
口,却没有射中太阳,因此,燕子的尾巴从此变成两叉。那最后
的太阳恐被射落,赶快落入西山躲藏起来。额日莫尔根十分气恼
燕子作梗,骑上褐花马就要追杀燕子。马也向主人起誓:"从黄
昏到拂晓如果我追不上燕子,就把我的腿砍断,扔到旷野上去吧!
我将再不做鞍马,甘愿到坑坑洼洼的地方去生活。"额日黑莫尔
根骑马追到一个山坡上,差点将燕子捉住,可是天已黎明了。额
日黑莫尔根一气之下砍断了褐花马的两条腿,将其扔到草原上,
从此,马就变成了跳兔,跳兔的两条前腿短,就是这个缘故。而
燕子在天色黄昏时,绕着骑马人前前后后地躲闪飞旋,这是它在
嘲弄骑马人"谁能追上我?谁能追上我?"额日黑莫尔根恪守誓
言,砍断了食指,从此变成了不饮水、不吃宿草的旱獭,躲进洞
里去了,旱獭的脚只长四趾便由此而来。后来,额日黑莫尔根忘
记自己早已变成旱獭,所以,当日出和日落时,还要从洞里爬出
来,面向太阳东张西望,那是表示它还想射太阳呢。旱獭是由额
日黑莫尔根变的,所以,草原上的人们一直忌讳吃旱獭肉。相传,
那唯一的太阳因为害怕额日黑莫尔根,总是往山那边躲藏,从此,
世上便有了昼夜的交替轮换。

05

蒙古族最常使用的弓是牛角弓，即用动物的角、筋制作的弓。

弓箭在蒙古人的娱乐和习俗中，代表着男子汉的气魄、蒙古勇士的英武，洋溢着一种大无畏的民族精神。射箭，弯弓飞矢，既是狩猎经济的遗风，亦是古代军事技术再现，力量交织着智慧。

蒙古民族制作和使用弓箭历史悠久，制作和使用角弓至少有

两千多年的历史。新石器时代的箭镞和古代岩画证明，蒙古民族的先民早在旧石器时代末新石器时代初就会制作和使用弓箭。到匈奴、鲜卑时期，北方游牧民族已经广泛使用弓箭。

13世纪，成吉思汗手下的大将哲别就是一个著名的射箭能手。法国著名学者雷纳·格鲁塞在其《蒙古帝国史》中写道：和锁儿罕失剌同来归附的有一个名叫只儿豁阿歹的年轻人，他属于别速惕族，这个氏族是泰亦赤兀惕人的藩属。在阔亦田战役之中，此人曾一箭射伤成吉思汗的马，这是一匹紫骝色而面白的骏马。成吉思汗对他提起这件事。他诚恳地承认说："汗呵，你可以杀死我。我的血只能染污手掌般大一块地。如果恩赐不死，我愿为你效命，深水可以横渡，坚石可以粉碎"。这个回答使成吉思汗欣然说道："凡敌人伤害了人，必然隐瞒不说。你如今却不隐瞒而明白相告，可以做我的伙伴！"为使这种坦白态度垂于久远，成吉思汗替只儿豁阿歹改名叫作哲别，就是'箭镞'的意思，这位青年军官将以这个名字永远名垂蒙古的史诗之中。哲别就是后来征服突厥斯

坦、战胜波斯和俄罗斯的人。拉施特也说到哲别的归附，但是他所说的情形与此不同。在成吉思汗击败了别速惕人和泰亦赤兀惕人之后，哲别和其他别速惕的战士们躲避起来以免被杀或被俘。有一天，成吉思汗围猎时，哲别偶然被卷入猎骑里面。成吉思汗认识哲别，想自己去追赶他，但是博尔术当时请求让他去和这个战士决斗，于是成吉思汗允许把一匹紫骝色白面的马借与博尔术乘坐。博尔术向前发一支箭，未射中哲别。而哲别一箭射倒博尔术的马，射完之后他很快就走开了。然而哲别不久资粮断绝，毅然出来投到成吉思汗那里，愿为效劳。成吉思汗知道他勇敢，叫他带领十人，觉得满意，任命为百夫长，再任命为千夫长，最后叫他做万人之长。

蒙古族最常使用的弓是牛角弓，即用动物的角、筋制作的弓。牛角弓是选取水牛角或岩羊角、牛背筋或牛蹄筋和弹性好的竹木材料，用动物胶等纯天然材料黏合而成。牛角弓从原料加工到做出成品弓，全凭经验掌握。牛角弓重量轻、箭射得快是第一标准。

牛角弓制作工艺流程复杂，每道工艺都非常细腻，要求很高，牛角弓生产技艺是蒙古族智慧的结晶，难以用现代技术所代替，它蕴涵着丰富的科学技术基因，是宝贵的历史文化遗产。

在今天的查干沐沦、古力古台河边一带，常常可以见到带着箭囊弓箭的牧民，三五成群地去参加传统射箭活动。这里的人们射箭所用的靶是五色圆月靶，箭是"啸箭"，亦称"鸣镝"，箭射出后其声音悦耳动听。关于鸣镝，法国历史学家勒内·格鲁塞在他所著的《成吉思汗传》里面有着这样的描述："这些孤苦的孩子的娱乐就是渔猎和打斗。他们的住处附近居住着札只剌惕部落。该部落有个青年名叫扎木合，是铁木真的朋友。据成吉思汗家族的史诗说，当时铁木真十一岁。扎木合赠给铁木真一块公狍髀石，铁木真则回赠扎木合一块铜灌髀石，双方结为安答，常在斡难河水上击髀石为戏。春暖花开之时，他俩就一起用自制的木弓箭习射为乐。扎木合自制了一种响箭，称为鸣镝，用小牛角尖

磨制而成。铁木真也用柏木或刺柏木磨制了一种箭。二人互赠自制之箭以为交谊。当时这种箭已经可以说是一种武器了"。

　　圆月靶是挂着的，所以也叫挂靶。圆月靶的圈数及色彩和奥林匹克五环相似，不同之处是圆月靶的五个环是套环，而奥林匹克的五环是连环。嚎箭的箭头常用犄角和骨头制作，箭身用干透的红桦木制作。箭口下方三面拧箭翎，苍鹰翎为最佳，这种箭射靶时，会发出哨子般的声音。长期以来，那达幕比赛中都有圆月

步射月靶

骑射吊靶

靶射箭比赛。在比赛中，谁若射中圆月靶"央眼"，观战的群众就给这个射箭手献上哈达，敬上美酒，射箭手还能获得绵羊、布料、砖茶等奖品。

狩猎是蒙古古代部落人民的重要生活来源和经济生活的主要补充手段，而骑射则是狩猎活动中极为重要的生存技能。《黑鞑事略》载："其骑射则孩时绳束以板，络之马上，随母出入。三岁，以索维之鞍，俾手有所执，从众驰骋。四、五岁挟小弓短矢，及其长也，四时业田猎。凡其奔骤也，跂立而不坐，故力在骭者八九，而在髀者一二，疾如飙至，劲如山压，左旋右折，如飞翼，故能左顾而射右，不特抹秋而已。其步射，则八字立脚，步阔而腰蹲，故能有力而穿扎"。

这段文字，一方面描述了骑射成为蒙古人自幼学习和训练的

一门生活技艺的过程，另一方面展示了蒙古人的骑射绝技。同时，蒙古人还有为初次射猎获得猎物的儿童举行首猎礼的习俗。这种隆重的首猎礼，表示先祖以来以狩猎为生兴起，初猎成功，如经祝福拭血之仪，往后狩猎，不仅矢不虚发，而且一生吉祥，事业蒸蒸日上。

正因为如此，骑射常与战争相提，并在实际生活中成为含体育、军事、娱乐为一体颇富刺激性的一种文化活动。不过骑射、狩猎方式随着历史的变迁而逐渐衰微，到了近现代，只是作为一项男子游艺活动保留下来。

故事链接：

大神箭手和小神箭手

在科尔沁草原南部的阿古拉镇一带，有一座双合尔山。山虽然不高，但在广袤的沙漠草原上，却好像一块巨大的岩石从天外飞来。这座山的由来，流传着一个动人的故事。

相传很久以前，格斯尔汗率领军队追赶恶魔蟒古斯，蟒古斯仓皇向东逃窜。这一天，它逃到科尔沁草原阿古拉境地，只见身后烟尘滚滚，杀声震天，吓得它魂飞魄散。眼看就要追上了，狡猾的蟒古斯急中生智，摇身一变，变成一只野兔藏在草丛中。格斯尔汗马前的猎犬见了，狂吠着向野兔奔来。蟒古斯见势不妙，立即化作一只山雀飞上天空。就在这时，格斯尔汗肩上的猎鹰，张开双翅扑上去，用钢钳般的利爪一下子扼住山雀的喉咙。蟒古斯现了原形，奋力挣扎着，把宝剑刺进猎鹰的胸膛，鲜血大滴大滴地洒在草原上。但猎鹰的利爪仍然死死不放，它抓着蟒古斯，盘旋了十几圈，慢慢地降落在大草原上。不久，在猎鹰降落的地方，便长出一座巨大的山峰。格斯尔汗为了纪念这只英勇的猎鹰，

就命名这座山为"双合尔"（汉语即鹰）。

千百年过去了，这里渐渐地繁荣起来，蒙古族人民在双合尔山下繁衍、放牧，形成了无数小村落，牧民们过着幸福安乐的生活。

一天，大清康熙皇帝出巡路过这里。他见一望无际的大草原上一座高山拔地而起，很是蹊跷，便问身边的随从，随从无人知晓。回到京城，康熙皇帝做了个梦。他梦见一只雄鹰从北方飞来，在皇宫上绕了三圈，又飞走了。康熙皇帝好生狐疑，一连几日坐卧不安，命风水先生圆梦。风水先生想了想说："恕奴才直言，皇上这个梦凶多吉少。鹰，乃英雄出世，威胁社稷，待奴才亲自去察看。"

风水先生乔装成牧民来到双合尔山下，牧民告诉他这座山的名字就叫"双合尔"，就是鹰。

风水先生回到京城，立即奏明康熙皇帝，并对他说："依奴才之见，趁这只鹰尚未飞起之时，在山上修建一座白塔，将它镇住；同时在鹰头的方向，连修十五座敖包，以阻挡北来的凶气。如此，皇上便可高枕无忧了。"康熙皇帝听后大喜，命风水先生督办此事。

双合尔山下住着兄弟俩，哥哥叫乌力吉、弟弟叫巴特尔。兄弟俩能骑善射，是这一带远近闻名的好猎手，人们称他俩为"大神箭手"和"小神箭手"。风水先生来到双合尔山下，立即召集兄弟俩和牧民们，宣读了圣旨。然后威胁说："如果不修白塔和敖包，这里就会战乱四起，你们的好日子就会全都完了！"牧民们议论纷纷，有的认为修对，有的认为修不对。风水先生又拿出银两贿赂兄弟俩。哥哥很高兴，弟弟却不同意，兄弟俩争执起来。

哥哥说："草原飞来了金凤凰，牧民们才会有幸福和吉祥；双合尔山建起白塔，草原才会有太平景象。"

弟弟说："枣骝马在草原上日行千里，是因为没有缰绳的羁绊；白塔压在雄鹰的身上，我们还能自由自在吗？"

哥哥说："枣骝马配上金鞍更显得英俊无比，草原修建十五座敖包，更显得富饶美丽，弟弟你好糊涂呀！"

弟弟说："蓝天升起七彩的虹，那是美好的象征；月亮围上

七彩的晕，那是灾难的来临。哥哥你好糊涂呀！"

兄弟俩争得面红耳赤，谁也不肯服谁。

倔强的兄弟俩便提出比箭，箭射掉谁的帽子，谁就为输。

哥哥知道弟弟是不会认输的。心想，为了草原的太平景象，哥哥就狠下心了，于是把箭对准了弟弟的心窝。

弟弟也知道哥哥是不会屈服的，心里想，为了草原人民的自由，弟弟就狠心了，于是也把箭对准了哥哥的心窝。

一声呐喊，两箭齐发，"当"的一声，火星飞进，两支箭撞到一起，掉在地上。兄弟俩气得暴跳如雷，异口同声地喊起来："马群不进羊群，井水不犯河水，纵然咱们不是一条心，那就你走你的阳关道，我走我的独木桥，咱们走着瞧吧！"

弟弟收拾好行装，头也不回地走了。

哥哥望着弟弟的背影，心中琢磨倔强的弟弟是不会善罢甘休的，不如让他死在路上吧。于是，他拉开圈门，放出一只公骆驼。

这头在圈里拴了好多天的骆驼，一放出去，凶猛异常，它嘴里喷着白沫，昂头挺胸，呼哧呼哧地沿着大道跑去。

弟弟巴特尔在大道上走着走着，忽然听到后面咚咚的响声，急忙一回头，见是自己家的大骆驼奔来。他明白了，狠心的哥哥，要害死我呀！急忙一闪身。大骆驼扑了个空，又向巴特尔扑来，巴特尔又一闪身，大骆驼又扑了个空。一连三次，大骆驼筋疲力尽，气喘吁吁，趴在地上起不来了。巴特尔走过去，拽住骆驼的头，像拧麻绳一样拧了几个圈，然后像打草扣一样把骆驼头向它身下的草窝里一塞，大骆驼顿时没气了。

哥哥乌力吉坐在家里等呀等，没见公骆驼回来，他知道弟弟本领过人，一定没有如愿。于是打开圈门，又放出一只红骆驼。这是一只蛇头骆驼，它不像那只大骆驼那么笨，跑起来呼呼气喘，而是像蛇一样，把头压得低低的，悄无声息。红骆驼也沿着大道跑去。

天渐渐黑下来，巴特尔走得又乏又累，肚子也饿得叽里咕噜响起来。忽觉背后一股凉风袭来，他一回头，见一只狂怒的红骆驼已经冲到身后几步远的地方，躲闪已来不及了。就在这千钧一发的时刻，一只母骆驼出现在路边的沙坨子后面，红骆驼丢下巴特尔，向母骆驼跑去。巴特尔惊出一身冷汗。

巴特尔走后，乌力吉和风水先生领着牧民日夜不停地修建。没多久，一座白塔就在双合尔山上耸立起来，十五座敖包也在山前排成整齐的一条线。风水先生也乘机搜刮了一大笔钱财。谁知道，第二天刚刚修建的白塔忽然间哗啦一声塌下来。风水先生和乌力吉莫明其妙，于是又日夜修建。可是，头天刚刚建成，第二天又变成一片废墟。就这样三建三塌，等白塔第四次建成后，乌力吉就悄悄地躲在白塔后面想看个究竟。

夜慢慢地过去了，东方刚刚泛起鱼肚白，乌力吉突然发现巴特尔在很远很远的地方拉弓搭箭，正瞄准白塔。他明白了，原来白塔三次倒塌都是被巴特尔射的。说时迟，那时快，他急忙拉开弓箭，"嗖"的一声向巴特尔射去。巴特尔的箭还没有射出，便摇摇晃晃地倒下了。

乌力吉骑上快马飞奔到弟弟巴特尔身边。巴特尔从血泊中站起来，看了乌力吉一眼，用尽全身力气，又一次把弓拉圆，射出一箭，一下子就射穿了十五个敖包。然后又取出一支箭，搭在弓上准备射向白塔。可是，他却连拉弓的力气也没有了，栽倒在血泊中。临死前，巴特尔对乌力吉说："如果你还念手足之情，就把我埋在箭落的地方吧，箭头朝向哪里，我的头就朝向哪里。"

巴特尔死了，乌力吉看到弟弟临死前的惨状，良心受到了谴责。他按照弟弟的遗嘱，找到箭落的地方，那支箭射穿了十五个敖包，箭头依然指向南方，于是就把弟弟头朝南埋在那里。那一天，牧民们扶老携幼赶来送葬，都禁不住失声痛哭。这时，人们惊异地发现，双合尔山前出现了两个水泡子，老远就可以看见那清亮的水波在灰暗的天空下熠熠闪光。人们说，那是鹰流下的两汪泪水。

从此，鹰被白塔镇住了，恶魔蟒古斯又得逞了，它施用魔法，呼风唤雨。很快，狂风掀起了滚滚黄沙，把这里草场吞没，双和尔山也被黄沙埋了半截。至今，人们只能看到孤零零的鹰头，西面二十里处和东面半里以外，各剩下一块岩石，那就是被风沙埋没的两只翅膀。但是，山前那两个水泡子却依然泪水涟涟，倒映着双合尔山和那被风雨驳蚀的白塔。

为了纪念巴特尔，人们把大骆驼死的地方叫作"希日古拉"（指巴特尔把骆驼的头向草窝一塞），把母骆驼出现的地方叫作"乌兰缨"（汉语即母骆驼）。

灵活机动的弓骑兵

06

欧洲骑兵只是战术力量，他们不会运动战，也不擅于在运动战中歼灭敌人，更不具备远程攻击能力，但是单兵的冲击力不错。

蒙古大军征服俄罗斯，进入波兰、匈牙利和其他地方，在欧洲大地引起一片惊慌。甚至在一段时间内，英国人不敢出海，中断了与欧洲大陆的贸易活动；德国人也为之惶惶不安……

蒙古进入欧洲，从客观来分析，欧洲人似乎有点被蒙古人打懵了的味道。其实，欧洲的骑士军团并非没有认真抵抗，关键还是在于双方的战术思想不是一个套路，所以蒙古人可以十几万人

马在欧亚大陆上纵横驰骋。

中世纪欧洲的战争，很类似于中国春秋时代之前的诸侯国之间的战争：事先约定好时间、地点，双方列好阵势开始对冲。打仗点到为止，以分出胜负而不是杀伤为目的。有的时候甚至可以直接通过骑士之间的单挑来决定战斗的成败，也就是主将间的拼杀过招。像三国中的群英战吕布的场面都似乎很难看到，更讲究的是个人英雄主义，士兵们基本属于类似"亲友助威团"的角色，而且一旦俘虏到对方的骑士，不但不加任何伤害，反而还会细心款待，等着敌对方出钱，把被俘的骑士再赎回去。

在这种战斗思维下陶冶出来的欧洲骑士团，碰到以狼群战术作为战斗主体思想的蒙古军队，经常陷入被动挨打的境地，也就不难被后人们所理解了。尤其是对于欧洲骑士们来说，战斗过程中的伤亡是十分惨重的。因为蒙古人拥有世界上最多的，也是最好的弓骑兵，欧洲骑士们冲锋的时候，蒙古军队的弓骑兵就远远的放箭，不射人，只射马。

这里需要突出一点的是，欧洲骑士的盔甲非常的厚重，需要四个人的服侍才能穿戴起来扶到马背上去，骑乘过程中一旦倒在地上就再也无法站立起来。就盔甲而言，是没有弱点的，连火枪都不怕。但是胯下战马的防护却很薄弱，战场上的战马是要跑起来的，所以对于战马的防护，无论是覆盖程度还是遮盖厚度，都

要远远逊于骑士本人。

欧洲骑兵只是战术力量，他们不会运动战，也不擅于在运动战中歼灭敌人，更不具备远程攻击能力，但是单兵的冲击力不错。公元前2世纪，没有马镫的帕提亚、萨珊重骑兵只有4米长矛和直剑，2世纪的哥特骑兵只是一群拥有牛角帽子和斧头、北非直剑的简单骑兵。10世纪，使用高前桥木马鞍的诺曼骑兵，也只是手持长矛。14世纪后期，全身大白盔甲，会长矛术的西方骑士，笨重的盔甲，使得他们在战场上需要准备很长时间才能战斗，而且只能向前冲击，灵活性极差，15世纪的意大利、罗马尼亚轻骑兵的武器装备，也只是轻型长矛、小圆盾和长剑，直到后来的

胸甲骑兵、火铳骑兵、龙骑兵，这些骑兵的战术，不过是使用射程很近的手铳先进行一次齐射，然后再使用长剑冲锋，或者干脆就是骑马步兵。

所以，等到蒙古军队弓骑兵把欧洲骑士们的战马射倒之后，这些骑士们早已经被摔得七荤八素了，这时候蒙古士兵就可以面带笑容地走近这些骑士，掀开已经被自己的盔甲压得快要瘫痪了的骑士们的面罩，拿出小刀就可以很轻松地解决问题了。这样的描述似乎有些随意和不严谨，甚至多少有些调侃，但这确实是在某种程度上，反映了欧洲骑兵所遭遇的尴尬境地。

当时的欧洲骑兵普遍缺乏远程打击能力，仅有冲击力，只有俄罗斯仿照蒙古编制的骑兵战斗力最强，俄罗斯骑兵的马镫高，双膝所以收得高，有利于射箭，尽量避免正面强攻、擅长突袭、奔袭、诱骗，运用少量兵力进行一击就走的游斗。还包括包围敌人四面射箭、射击，所以俄罗斯拥有一支中亚历史和欧洲历史上最强的骑兵——哥萨克骑兵。

蒙古骑兵给整个欧洲所带来的深刻记忆，让欧洲人久久不能忘怀，以致到了今天还有影响。现在越来越多的欧洲及美洲的专家学者，专门对蒙古族文化以及元文化进行研究，不管这些专家出于什么样的追求和目的，至少可以说明，蒙元帝国对世界各个方面的影响是巨大而深远的。

07

冷兵器时代的王者

游牧骑兵日行百里，毫无困顿，可以自由选择战场，左右奔突。

在冷兵器时代，亚洲中北部的游牧弓箭骑兵一旦有了足够的数量，就是一支拥有绝对优势的战略打击力量。他们从不像西方的"呆头鹅骑兵"一样，把战场控制在一个狭小的地方，他们纵横驰骋，跃马弯弓，成百上千里的区域都可以是他们的战场。

他们很懂得在敌人行军的时候打击对手，他们很了解在行进

中的军队，只有平时十分之一的战斗力。他们拥有快速的冲击力和远程打击能力，而脆弱的西方骑兵只有短距离冲击力，而毫无远程打击能力，常规武器里面最多有个标矛。

游牧弓箭骑兵最经典的战术，就是利用己方上千名骑兵的速度优势选择战场，对着远道而来、累得半死数倍于己的步兵阵列开始射箭，反复挑逗、杀伤。从早晨折腾到下午，当步兵们疲惫不堪的时候，阵列里的某个角落已经被恐怖的箭雨射得开始后退、阵形松动的时候，游牧弓箭骑兵就会立刻手持长矛、狼牙棒冲击这个缺口，一旦阵形被打破，那些彪悍的骑兵就以压倒一切的气势，以一当十，以十当百，狂压上来，那些四处奔逃的步兵就只能是在劫难逃了。

游牧骑兵日行百里，毫无困顿，可以自由选择战场，左右奔突。与之对阵的步兵则日行数十里，劳累不堪，到处奔波，苦不堪言，一旦筋疲力尽的时候，游牧骑兵就会猛然出现，万箭齐发，步兵瞬间崩溃，绝无逃生的可能。

如果是步兵阵列击退了冲击的骑兵，骑兵可以迅速撤退，获胜了的步兵却不敢追击。首先是追不上，其次是一旦追击，阵形混乱，对方骑兵若是杀个回马枪，照样可以扭转战局。所以步兵是几乎不可能歼灭一支骑兵部队的。

蒙古轻骑兵的主要兵器是弓。这是一种很大的弓，至少需要75公斤的拉力，比英国长弓还要重，射击距离为182—274米。他们身带两种箭，一种比较轻，箭头小而尖利，用于远射；另一种比较重，箭头大而宽，用于近战。克雷西战役中，重创法国骑兵的英国长弓手的射程，也只有228米的有效射程，他们难以击中在射程边缘的快速移动的目标。就是游牧骑兵一天啥也不干，这些长弓手也要休息，吃饭，那骑兵就可以快速突击，但是骑兵休息，步兵却无法进行突击，只能看着，速度和机动力相差太多，步兵一天行军三四十公里就累得不能动弹了，游牧骑兵一天行军百余公里，依然还很轻松。而瑞士长矛手2.84—3.15米的长矛，对付游牧骑兵更是没用，他们在被射死之

前基本没有一次能够出矛的机会。

　　10万—12万的蒙古骑兵横扫欧洲，苏布台率领的3万骑兵击败了多瑙河的10万欧洲大军。双方损失比例差别之大，世界罕见。20年后的1260年，艾因加鲁特战役，土耳其军队经过猛烈的抵抗，终于止

住了蒙古大军前进的步伐，可是这些突厥人也是游牧骑兵，而后他们灭亡了东罗马帝国，威胁整个欧洲达四个世纪，直到300年后，完全仿照蒙古体制，拥有优良的顿河马的俄罗斯骑兵，终于打败了统治他们300年的少量蒙古军队。

传承千年的赛马风

08

蒙古汗国时期，成吉思汗等统治者鉴于政治、军事的需要，极力推崇骑术，赛马之风在军队和上层社会中十分盛行。

自古以来，蒙古族人民就对马有一种特殊的感情。草原上有这样的谚语："蒙古人夸马，木匠人夸锯""要看小伙子本领如何，先看他骑的马"。是否精骑善射，也成为鉴别一个优秀牧民的标准。而赛马，不仅是每年那达幕大会上的一项体育比赛，也是日常放牧和生活中的一个游戏，往往兴致所至，豪放的蒙古人就会策马扬鞭，比比谁的马儿好，比比谁的骑术高。

蒙古族素有马背上的民族之称，长期的游牧生活锻炼了他们的骑马技艺。孩子们从五六岁起就学习骑马，到十一二岁就要随大人骑马放牧，十五六岁时就可进行马上战斗，在成吉思汗时代，蒙古士兵取得的丰硕战果，主要归功于他们精湛的骑术。蒙古族小孩才刚刚学会走路，牧民就开

始教他们骑马。以往的那达慕还可以看到牧民驯服烈马的惊险镜头，但现在已不复见。蒙古人觉得每个人都该会骑马，所以，他们的赛马是真的在比谁的马好，而不是比哪个骑手的马术最精。

提姆·谢韦伦在《寻找成吉思汗》一书中描述道："我曾经在乌兰巴托南部草原看过一场异常精彩的赛马。总共有两百名骑师参赛，清一色是小孩子，男女都有，身上穿着五颜六色的衣服，就像从西方圣诞节彩帽上借来颜色编织而成。小孩子赛马是那达慕赛马的序幕。信号声响起，早就按捺不住的马匹，以雷霆万钧之势，猛冲而出，万马奔腾，震耳欲聋，再加上小孩子兴奋的尖叫声，现场热闹非凡。以西方的标准来说，这种赛马简直是马拉松比赛。比赛分级进行，从跑九英里的两岁幼马赛，到最高跑十七英里的成年马赛都有。信不信？这场比赛最后的优胜者，是

一个四岁的骑师"。

蒙古汗国时期，成吉思汗等统治者鉴于政治、军事的需要，极力推崇骑术，赛马之风在军队和上层社会中十分盛行。至元代，马上运动与兵役制结合，形成了当时的一项制度。每当举行"忽里勒台"时，除了修订法规、任免官员、奖惩以外，还将赛马作为大会的活动内容。13世纪意大利旅行家马可·波罗就曾在其游记中记载了蒙古人赛马的场面。明代，蒙元王室退居漠北，仍然力倡骑射，赛马仍是最热烈的活动之一。

蒙古族的赛马的方式多种多样，一般有走马、跑马、颠马三种。走马，主要比赛马跑时的稳健、快速、美观；跑马，主要比赛速度和耐力，在规定赛程中先到达终点者为胜；颠马，也就是快步马，比的是马儿步伐的轻快、优雅、平稳。

蒙古族的体育娱乐大会谓之那达慕，参加赛马者自愿报名，不受年龄、性别限制，少则几十人，多则数百人，是人们最喜爱的活动之一。赛马比赛距离不等，由古时的20公里、30公里、40公里逐渐缩短为现代的3000米、5000米、10000米等短程赛，比赛时为减轻马的负荷量，大都不备马鞍，参赛者不穿靴袜，只着华丽的彩衣，头束飘带，跃马扬鞭，奋力争先，煞是威风、壮观。

参赛的马匹不分品种，分

组抽签，分道比赛，按时间多少录取名次。比赛中，参加者只准一人一马，没有特殊情况不准换马，比赛分直线跑道和圆场跑道进行，不准用马鞭击打他人的马匹；若运动员中途落马，允许上马继续比赛。规则要求起跑后100米内不准在里圈跑，过100米压过10米后方可进入里圈，否则视为犯规。胜利者、取得名次的马匹，在那达慕大会上集中在主席台前依次排好，由优秀的民族歌手高声朗诵"赞马诗"。赞马诗的内容丰富多彩，如描述马匹的雄骏，介绍骑手的事迹，形容比赛的特点，宣告比赛的名次等，获得第一名的马匹十分惹人注目，在其头上、身上撒奶酒或鲜奶以示庆贺。

别具一格的祝颂词

09

在那达慕上，各地都有对赛马进行祝赞并授予它各种称号的仪式。

绕桑是赛马比赛开始前的一个祈福性的仪式，蒙古语称作"桑额尔古勒呼"或"玛日赛拉乎"。"桑"是指煨祭仪式，同时指煨祭时在香炉里燃烧的松叶、柏枝及其火焰等。"额尔古勒呼"，蒙古语，有"转、绕"等意。"玛日赛拉乎"由绕桑时演唱的歌曲玛日赛而来，"拉乎"则是它的动词词缀。

绕桑仪式中的《玛日赛》曲目各地称谓有所不同，而且仪式本身的规程也略有差异。有的地方，要唱《万马之首》。以此开始传唱那达慕赛马绕桑仪式歌。而有些地方敖包祭祀后的那达慕上，如锡林郭勒东苏尼特查干敖包的绕桑仪式上，一人骑乘白马，

手持系有"宝恩道好日勒"佛像的旗杆引领，其后是骑马吹海螺者以及比赛的马匹，并在海螺声和《玛日赛》曲的伴随下顺时针方向绕敖包三圈。

《玛日赛》曲通常都是由儿童连续哼唱"唵嘛玛日赛，莫沁班拜，唵嘛所亥"（其大意为"嘛玛日赛，佛在你左右"）等几句唱词，直到绕桑仪式结束。绕桑仪式与佛教有着紧密的联系，它是佛教文化渗透到那达慕"男儿三艺"中的一种表现。 牧人们认为绕桑仪式，除了净化、驱除鬼魅和不洁的宗教心理之外，实际上让马闻到艾草的香味，听到祈愿的歌曲，不仅能使它舒缓气息，而且还能给它一种暗示，使它抖擞精神，迎接挑战。牧人认为赛马有这种灵性，能感知主人的心愿。当然，除此之外，绕桑仪式，也有向众人展示那达慕赛马比赛参赛马匹、骑手以及吊马手，使人们提前品评和预测获胜者的目的。

在那达慕上，各地都有对赛马进行祝赞并授予它各种称号的仪式。但各地、各时期那达慕的目的不同，赞辞体例、颂赞内容略有不同，一般在遵循本地区马赞辞韵律和体例的前提下，祝赞人自由发挥，根据此次那达慕赛马具体情况进行赞诵。

马赞辞其实就是对获奖马匹的称号的祝赞，在那达慕上，根据赛马的名次、马匹特点、赛场表现等方面用"八宝""七珍""吉祥动物""十二生肖"等吉祥、如意、亲切可爱的动物形象来祝赞赛马，并授予它"喜庆之首" "吉

祥之骏""宝驹""万马之首""飞隽"等不同的称号。

从赛马称号来说，无统一规格，各地都有一些差别，如"升空太阳"，有的地方是第二、三名的称号，有的作为最后一匹马的称号。祝赞马匹数量、赞辞长短，各地也有所不同。多为祝赞冠军、亚军赛马，此外，也有三四名，甚至第五名，最多到第九名的赞辞，而第九名以下不再进行赞诵。当然，很多地方也有赞诵和奖励最后一名，以鼓励它在下次比赛中取得优异的成绩。

从赞诵赛马类型来看，因赛马以远程比赛最为普遍，因而赞辞多为快马，即远程马赞。此外，也有走马赞辞。祝赞仪式开始，小骑士们穿戴赛马服，获奖马匹由各自主人牵引绕那达慕会场三圈至主席台前听候授予称号。之后，由祝赞人首先吟诵冠军马的祝赞辞。吟诵者介绍赛马的出身，将赛马所属的旗、苏木、嘎查，主人等一一述说，吟唱赞辞，并宣布赛马所获称号。

如乌珠穆沁冠军马赞有："吉祥如意、众生安康的如此美好的一日，超度之地邀请尊贵的喇嘛，祭拜山水之神的神圣敖包，在这盛会上，要问跑到第一的这匹神骏是谁的？……奔跑如疾风，蹄声如雹点，嘶鸣如蛟龙……有月帚形的鬃毛，有鱼儿般的眼睛，有莲花

般的耳朵……"等等溢美之词来高声唱颂。又比如对远程比赛的亚军马唱赞到：

扎……祝吉祥如意、太平安康！跑到亚军的这匹快马是……万马群中优良骒马之驹，万马之中如雄鹰般飞卷而至，勇拼第一的神速灵骏。让我们对它的品相五官一一道来：

　　它有象牙般的四齿，

　　黄头般的双耳，

　　钢铁般的四蹄，

　　水晶般的双眼，

　　它的尾巴就像旌旗飘，

　　嘴唇优美似雕画，

　　颈鬃洽似瀑布流，

　　皮毛如同绸缎亮……

　　它在每个盛会上都获名次，

　　每个那达慕上都被祝赞，

　　它就是×××家的栗黄色的神骏，

　　呼来，呼来，呼来。

祝诵后用酸奶涂抹赛马的额头，赏给它奶豆腐吃，祝福神骏下次比赛获得更好的成绩。

马赞辞是蒙古人崇马和颂马的一种重要形式。赞词对马的高度概括和形象比喻达到了惟妙惟肖的程度，是那达慕中最具文化意味的核心要素。

10

虽然说是赛马，实际赛的是敕亚齐的能力和骑手的能力。

赛马是蒙古族传统竞技项目，是那达慕大会的三项比赛之一，那达慕是游戏的意思，但是那达慕的三项比赛——摔跤、赛马、射箭，仍然体现着当年纵横天下的蒙古骑兵最基本的三个优势——力量、有耐力的高速度、长距离的精准杀伤力。随着冷兵器时代的结束，一向令蒙古族引以为自豪的"男儿三艺"在现代战场上的优势已经消失，但是在蒙古人的文化和生活中，这三项

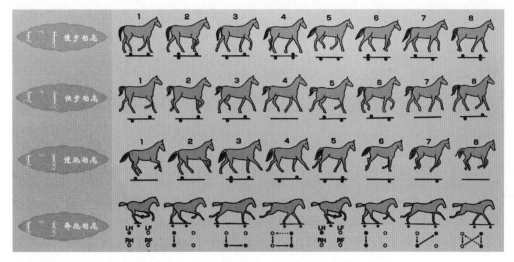

技能的地位却一直没有被削弱。优秀的跤手、弓箭手、骑手以及敖亚齐仍然受人们的尊敬。在这三项比赛中，赛马是一个最特别的项目，它的参赛人——敖亚齐是不上场的，但他们是赛马场上真正的英雄。

"世有伯乐然后有千里马，千里马常有而伯乐不常有……"这句脍炙人口的千年感叹，是不适用于蒙古马和相马人的。"敖亚齐"是一种职业，可以翻译成驯马师，也可以翻译成相马师，不过，这两种说法都不全面，因为敖亚齐的技能包括相马和驯马两个方面，他们的职责是专门为那达慕大会挑选和训练赛马的。在内蒙古地区，敖亚齐还没有一个正式的职称，但是在蒙古国，敖亚齐的级别分得很清楚，每一个级别的敖亚齐待遇都不一样。敖亚齐聚在一起，会按照级别排位座次，如果一位年轻的敖亚齐拥有较高的级别，其他级别低的敖亚齐即使比他年长，也得遵照规矩坐在他的下首。

相马就是通过马的骨骼来分析这备选马匹骨骼的结构，身体差误，及和谐度……有经验的敖亚齐只需看马的头部，就可以大致分析出这匹马的能力是怎样的；看马的眼神可以知道它的胆量

龙衔拉马

吾骏诗别

如何。马也和人一样，有些马不敢赛，有些马参加比赛就像打了鸡血似的兴奋；从马的鼻孔可以分析出马的肺活量；从耳朵可以分析出它肾脏的情况；从舌头可以分析肝脏的情况；从牙龈可以看到脾的情况，也就是从马的外观，就可以大致看到它内脏的情况。快马肝脏相对小，肺要足够大，肾脏再小，要有足够的胆量，要有足够获胜的欲望。

相马的时候可以分成外部形态、内部状况和隐藏情况这三类。相一匹马的时候，它的力量可以分成四种：冲力、拉力、连接力和支撑力。冲力看臀部和后半身；拉力看胸部，胸腔的力量；连接力要看它的肋骨部分，就是腹腔这个部分；然后支撑力要看四条腿。这四个力量必须是有机和谐的，这四个方面一定要结合好，和谐度好的马就是快马，如果前后身都非常好，但是四条腿很细，这匹马也不能称为好马。

相马阶段完成以后，接下来就要吊马，就是调教这匹马。一匹赛马赛前需要调教20天，但是一匹好的赛马应该是一年四季都准备着。一年当中要做很多事情，每天都要训练，不能间断。在比赛前二十多天，要把这匹马从马群里抓出来。赛马在草地上和马群在一起的时候，每天都能吃得很好，胃就会很大，抓出来以后就要开始给它减肥。赛马参赛的时候，分为三种状态，膘肥体壮的时候是一种，中间的状态是一种，很瘦的状态下是一种，最好的状态是中间状态。事实上，膘肥体壮的马也可以赛出很好的成绩，这就要看敖亚齐的本事了。

吊马的时候，每天都要让马出汗，出汗的方法就是让它跑，一开始跑个三五里地，然后逐步把距离拉开，有中延伸、大延伸，然后跑十几里地，逐步加距离，让它跑得出汗，训练它的呼吸。冬天吊马也要让马出汗，但是出汗以后，要把汗刮干净，刮马汗的东西是特制的，很漂亮，是一件蒙古族传统工艺品，刮过汗之后要给马披上毯子。夏天的时候，马收汗时也要披毯子。

平时马在马群里，一天到晚不停地吃，但是，吊马的时候，就只能让它吃到八小时的草料，不吃的时候，把缰绳拴在高处，

让马一直抬着头吃不到草。马和马也不一样,有些马肋骨长,食量就比较大,食量大的马耐力要好一点,适合长距离跑。马出汗以后,还要让它休息,收汗,出汗和收汗交替进行。吊好的马跑起来不会喘,呼吸均匀,像人一样,体力好的人,不会一运动就喘。敖亚齐可以通过马的气息,马的肚子,整体的外观、毛色,来看吊得好不好。

马在比赛时还要调整心理状态,让它站在高处,看远处,它的精神就会好。马吊得好就会进入比较兴奋的状态,会用张嘴、龇牙的动作表达它的心情。马很聪明,和人一样有感觉,它看别的参赛马就知道自己能不能跑得过它,如果它认为自己跑不过另一匹马就不会拼命去追了。好的赛马在赛前就会有各种征兆,所以赛前就能判断出哪匹马能跑得好。

敖亚齐在调教赛马的时候,是严禁饮酒的。原来按蒙古族的传统,开始调教马以后,女人都不能去看,现在男女平等了,也有许多女骑手参赛。不过在蒙古族的传统里,小姑娘是不能作为骑手参赛的。

长期和马相处,马和人会产生感情,马有时候会做些人们意想不到的事情,动物特别聪明,马累了就会伸懒腰,马伸懒腰的时候,就会一边着地,翻过身来,它起来的时候,会两个后腿着地,像狗一样只抬起前腿,然后再换另一边。马做这些的时候,如果有人去看,它就会很不高兴,发脾气,又跳又咬。

王 蒙
策马练步

月 集
无鞍骑射

那达慕的赛马是长距离的比赛，五六十千米是家常便饭。现在电视上看到的商业赛马大都是英国纯血马，英国的纯血马个高，跑得也快，但是只能跑到三千米以内，三千米以上就不行了。耐力强一直是蒙古马的特点，耐力基因是蒙古马重要的遗传资源，英国马跑三千米以上会肺出血，但是蒙古马不会。

赛马有两岁、三岁、四岁、五岁、成年马几个级别，两岁马的比赛是短距离的，三岁马的比赛一般是 12.5 千米，五岁马的比赛是 20 千米，六岁的马不赛，休息一年。蒙古人认为马六岁时跟人十三岁的本命年一样的，它浑身的变化比较大，体能差一点，需要保养一年。七岁起到十五岁、十六岁就可以参加 25—30

起点待命

千米的长距离比赛了。

那达慕赛马中，小孩子骑马不用马鞍子，而是直接在马背上铺一个垫子，有马鞍子骑马其实挺危险的，要是没马鞍子，摔下来就摔下来了，有马鞍子，摔下来，脚缠在蹬里头出不来，马就拖着跑。 但是没有马鞍子骑马比有马鞍子更磨屁股，所以蒙古语里有句谚语："骑马骑得屁股上都长毛了"。现在内蒙古的蒙古族小孩都不怎么骑马了，骑一回屁股就会被磨破皮。蒙古国的朋友常常对国内的敖亚齐开玩笑说："小孩的屁股要是磨破了，就给他撒点盐，让他哭一回，以后他的屁股就是铁的了！"

在过去，赛马会还有一个风俗，就是得最后一名的马也要给奖赏。要像赞美第一名的马一样赞美它，赞美词会说："不是因为你不好，是一路上的景色太美了，你分心了！下次你一定能够跑好。"得了这样的奖赏马的小主人会很羞愧，但是小马却很兴奋，很高兴，精神也会特别好。

胜出的赛马的奖励品原则上是属于马主人的，如果马主人不是敖亚齐本人的话，奖品应该怎么处理，目前国

内还没有一个成文的规定，基本上看个人关系和赛前的口头约定；蒙古国举办的比赛奖励相对比较丰厚，有条件的马主人会出重金聘请敖亚齐，奖励分出一定的比例给参赛的骑手，剩下的部分由马主人和敖亚齐平分。

虽然说是赛马，实际赛的是敖亚齐的能力和骑手的能力。赛马比赛真正上场的人不是敖亚齐，而是小骑手，牧区的孩子一般五六岁开始学骑马，到比赛的时候也不用怎么训练。蒙古人赛马和欧洲人不一样，它不是商业行为，纯粹就是生活中的娱乐，所以比赛之前骑手和马也不一定磨合。

因为赛马原本就是蒙古族同胞日常生活中最自然不过的事情。

终点获奖

为了确保和加强骑兵的机动性，每个蒙古骑兵都有一匹或几匹备用马。

12世纪末至13世纪初，由成吉思汗创建并由他的继承者保持了一支与众不同的骑兵部队。这支蒙古骑兵建立了世界上规模空前的庞大帝国。

蒙古军队取得作战胜利的基础不是数量而是质量。单一简洁的组织体制是其军队的显著特征。标准的蒙古野战部队由三个骑兵纵队组成。每个纵队有一万骑兵，大体相当于一个现代骑兵师。

借用现代的军队编制划分：每个骑兵纵队包括 10 个骑兵团，每团 1000 人；每个骑兵团包括 10 个骑兵连，每连 100 人；每个骑兵连包括 10 个骑兵班，每班 10 人。所有骑兵一般都是骑马作战，但是，假如许多马匹垮掉，那么一部分士兵就只好在骑马部队的掩护下立于马后进行射箭。

蒙古人在武器方面没有什么重大改革，不过对当时武器的使用方法上作了一些创新。

典型的蒙古军队中大约有 40% 是从事突击行动的重骑兵。他们全身披着盔甲，盔甲通常是皮制的，或者是从敌人那里缴来的锁子铠甲。他们头戴当时中国和拜占庭士兵通常所用的简易头盔。重骑兵骑的马匹往往也披有少量皮制护甲。重骑兵的主要兵器是长枪，每个士兵还带一柄短弯刀或一根狼牙棒，挂在腰间，或者置于马鞍上。

蒙古军队的 60% 是轻骑兵，他们除了戴一顶头盔之外，身上一般不再披挂铠甲。轻骑兵的任务是侦察，掩护，为重骑兵

提供火力支援，肃清残敌以及跟踪追击。和弓骑兵一样，蒙古军队轻骑兵的主要兵器也是一张拉力很大、射击距离约为180—270米左右的牛角弓，随身携带用于远射和近射两种箭，同时还装备与重骑兵一样的一柄很重的短弯刀或狼牙棒，或者一根套索，有时还带一支头上带钩的标枪或长枪。

蒙古骑兵在战斗开始前要披一件绸长袍。这种绸用生丝制成，编织得十分细密。成吉思汗在实战中发现，箭头射中目标后是很难穿透这种生丝制成的绸衣的，只会随着箭头的冲击力连带着绸布一同插进伤口。因此蒙古骑兵招来军队中的医生只需将绸子拉出便可将箭头从伤口中拔出。

为了确保和加强骑兵的机动性，每个蒙古骑兵都有一匹或几匹备用马。这些马紧跟在部队的后面，在行军过程中，甚至在战斗进行时都可以随时用来更换。换马是按接力的方式进行的，这样可以保证安全，对完成预定的任务影响最小。

蒙古骑兵都是从当时训练得最好的士兵中选出的。他们从三四岁开始就被送入戈壁沙漠中的学校，进行严格的骑马射箭训练，因此他们具有驾驭马匹和使用武器的惊人本领。比如，他能在快速撤退时回头射击跟在他后面的敌人。他们能吃苦和忍耐严酷的气候条件，不贪图安逸舒适和美味佳肴。他们体格强壮，在医疗条件差的情况下也能保持身体健康，适应战斗的需要。随时服从命令是他们的天职，人人都能严守不怠。纪律已形成制度，这在中世纪时期其他国家还未有所闻。

骑兵所用的马匹也经过极其严格的训练。跟欧洲马匹不同，蒙古马不论严冬酷暑都生活在野外，必要时可以连日行走而不吃一点东西，总之具有极强的忍耐力。它们能够在很短的时间内在最险恶的地形上越过长得几乎令人难以置信的距离。例如，1241年，苏布台的先遣部队只用了三天时间就从鲁斯卡山口越过喀尔巴阡山脉，来到多瑙河流域的格兰附近，行程2900多公里，路上大部分地区有很深的积雪，而且是在敌人的国土上行军。

在战斗开始时，蒙古骑兵纵队通常摆开极宽的阵势高速向前冲去，各主要部队之间由传令兵传送信息。当发现敌军后，附近所有的部队均以此为目标实施突击。这时，有关敌人的位置、兵力、运动方向等全部情报都被送往总指挥部，然后再转给各野战分队。如果敌人不多，则由靠得最近的指挥官立即率部迎战。如果敌人规模太大，那么蒙古军队主力便在骑兵掩护部队的后面迅速集结，然后高速前进，在敌人还来不及集结兵力的时候，就将敌人分散击溃。

成吉思汗及其能干的下属将领在作战方法上从不因循守旧。如果已经发现敌人的确切位置，他们就率领主力袭击敌人的后

背或者侧翼。有时他们佯装撤退，然后再更换新的马匹重新发起冲锋。

蒙古军队最常使用的作战方法是在轻骑兵掩护下，将部队排成许多大致平行的纵队，以很宽的一条阵线向前推进。当第一纵队遇到敌人主力时，该纵队便根据情况或者停止前进或者向后稍退，其余纵队仍旧继续前进，占领敌人侧面和背后的地区。这样往往迫使敌人后退以保护其交通线，蒙古军队乘机逼近敌人并使之在后退时变得一片混乱，最后将敌人完全包围并彻底歼灭。

标准的蒙古军队战斗队形由五个横队组成。每个横队都是单列的。各横队之间相隔很宽的距离。前两个横队为重骑兵，其余三队为轻骑兵。在这五个横队的前面另外还有一些轻骑兵部队负责侦察掩护。当敌对双方的部队越来越靠近时，位于后面的三列轻骑兵便穿过前两列重骑兵之间的空隙向前推进，经过仔细瞄准后向敌人投射具有毁灭性力量的标枪和毒箭。接着，在仍然保持队形整齐的情况下，前两列重骑兵首先向后撤退，然后轻骑兵依次退后。即使敌人的阵线再稳固，也会在这种预先有准备的密集乱箭袭击下动摇。有时光靠这种袭扰就能使敌人溃散，不必再进

行突击冲锋。如果纵队指挥官认为预备性袭击已使敌人完全瓦解，那么就下令让轻骑兵撤退。但如果需要，这时就命令重骑兵发起冲锋。命令的传送白天采用信号旗和三角旗，夜晚则用灯光或火光。作战时，各个骑兵连靠得很紧。但是如果位于中央的部

队已经跟敌人交火，那么两翼部队便向翼侧疏开，绕向敌人的两侧和后背。在进行这种包抄运动时，常常借助烟幕、尘土来迷惑敌人，或者利用山坡和谷地的掩护。完成对敌包围后，各部即从四面八方发动进攻，引起敌阵大乱，最后将敌人彻底击溃。这种包围运动是蒙古军队常用的作战方法，而且他们特别善用计谋来实施这种方法。

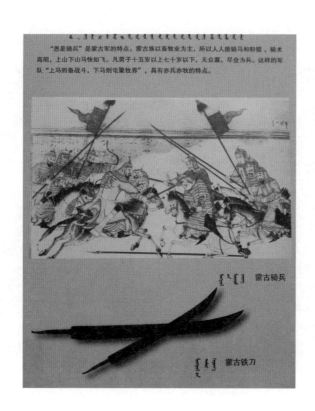

"悉是骑兵"是蒙古军的特点。蒙古族以畜牧业为主，所以人人能骑马和狩猎，骑术高明，上山下山马快如飞。凡男子十五岁以上七十岁以下，无众寡，尽佥为兵。这样的军队"上马则备战斗，下马则屯聚牧养"，具有亦兵亦牧的特点。

蒙古骑兵

蒙古铁刀

善于学习的游牧骑兵

12

　　蒙古人通过严格的军事训练和纪律养成，建立了一支以弓箭为武器，骑兵为基础的军队。实践证明，这是一支所向无敌的军队。

　　1211 年，成吉思汗在统一了蒙古的大部分地区之后，开始着手统一中国。五年内的时间里，蒙古人迅速占领了华北和朝鲜。频繁的战事当中，成吉思汗发现，单纯依赖骑兵，是很难甚至无法攻占中原地区筑有高墙的城市，因此向工匠学会了制造攻城机械和使用射石机、弹弩的方法。

　　后来，成吉思汗渐渐认识到要统一中国这样辽阔的地区，是需要花费很长时间的。而且蒙古部族内部发生了动乱，因此，他只得留下少量部队后返回蒙古。之后他又率领军队进攻波斯花剌子模帝国，并于 1221 年使之臣服。接着继续领兵向南、向西、向东，席卷了整个亚洲。接着，蒙古军队又从波斯出发向西北方向推进。经

过广泛的兵力侦察，一支大约
20000 人的军队，在速不台和哲
别将军的率领下穿过高加索进入
俄罗斯，并派探哨四处察看地形。
1223 年，蒙古军队击败了卡尔
卡河岸的一支由俄罗斯人和库曼
人（库曼百姓在蒙古人越过高加
索前就逃走了）组成的军队，接
着又跟卡马河流域的保加利亚军
队遭遇并将其击溃，然后向东折
回。根据这次远征所收集到的大
量情报，十五年后成吉思汗的后
代制订出了征服欧洲的详细作战
计划。

　　成吉思汗在作战的初期，他
的骑兵部队常常在城市高大的城
墙面前束手无策。经过深入细致
的分析研究，同时采用了南方的
武器装备和技术，几年之内，蒙古军队的将领们就创建了一种能
够攻占原先似乎无法攻破的城防设施的作战体制。这一体制的重
要组成部分，是一支装备精良的攻城部队和一批最优秀的工兵，
他们被蒙古军队征募而来，充当攻城部队的士兵。

　　在成吉思汗及其能干的部将速不台后来所进行的战役中，任
何城防堡垒都已无法阻挡蒙古军队进军的步伐。对于有重兵把守
的城市，蒙古军队往往使用一个纵队来围攻，并派部分或全部工
兵辎重队予以协助。主力部队仍旧继续前进。由于蒙古军队常常
巧施计谋，大胆行动，急速直捣敌城，因此，领头的轻骑兵总是
在对方还来不及关闭城门之前就紧跟着冲进城去。假如敌人预先

充分戒备，使骑兵部队冲不进去，那么围城的纵队和工兵就迅速有效地开展常规围攻战，蒙古军队的骑兵主力也竭力寻找对方的主力野战部队交战。一旦胜利在握，被围城池常常不战自降。

当然，如果守城部队奋起抵抗，那么成吉思汗的工兵就会很快在城墙上打开一个缺口，或者迅速为骑兵纵队作好攻城准备。为了造成守城部队的混乱，增加防守的困难，蒙古军队会在进攻之前，先派轻骑兵在城墙前冲击一番，发射燃烧箭，使被围攻的兵营或城市烧成一片火海。当他们准备穿过城墙上的突破口或越过对抗工事发动最后进攻时，常常会让一大群俘虏走在前面，后面紧跟着步行的骑兵。这样守城部队要袭击蒙古军队的话，就会首先杀死自己的同胞。

蒙古人通过严格的军事训练和纪律养成，建立了一支以弓箭为武器，骑兵为基础的军队。战争的实践证明，这是一支所向无敌的军队。他们深深懂得并且充分运用了突然袭击和灵活机动的作战原则，同时采取了心理战手段。13 世纪时，他们在欧洲所遇到的敌人则显得十分笨拙，缺乏机动性，根本无法对付骑着剽悍大马的高度机动的蒙古军队。今天，如果我们能够得到充分可靠的数据资料，那么毫无疑问，欧洲军队跟蒙古军队的伤亡比例，即使不是历史上最高，也是名列前茅的。遗憾的是，不能长期抵抗蒙古铁骑的欧洲军队，不仅从来没有学会如何对付蒙古的军队，而且根本就没有学到多少有益的东西。蒙古人对喀尔巴阡山地区的短期入侵，并没有对欧洲中西部国家的军事战术

和传统的作战方法产生什么直接的影响。

　　但是，俄罗斯人从蒙古骑兵作战的理论和战术中，可以说是受益匪浅的。著名军事历史学家休·科尔，在寄给友人的一封信中提到："1914 年喀尔巴阡山战役中，俄国轻骑兵所采取的战术便是以当年蒙军战术为范本的。"

　　蒙古军队首领常常先派一支先遣队迎战敌人，打一下便向后撤，引诱敌人尾随。撤退可能要好几天，最后敌人发现自己落入了蒙古军队的陷阱，四周已经被埋伏着的蒙古骑兵包围了。

　　时至今日，我们仍能感受到，当年蒙古人对我们今天的军事还有着深远影响，西方正在对蒙古军队的战例、战术以及军事技术进行着广泛的研究。休·科尔曾进一步在他的著作中写道："利德尔·哈特曾以蒙古军队为例，说服人们将骑兵作战方法运用于坦克。并请注意，美军总参谋长麦克阿瑟在一份年度报告中，曾敦促国会吸取蒙古军队的经验教训，批准他关于要求为美军机械化拨款的提案。"

草原锡林郭勒·那达慕

游牧骑兵的悲情谢幕

13

不过骑兵也有其局限性，当军队抵达河网密布的江南时，其优势便很难施展，湿热的天气也使他们难以忍受，面对大江大海更是无能为力，这也正是蒙古人鼎盛时期的疆域并不包括印度、日本，以及东南亚等国的原因。

翻开中国厚厚的历史书，不难发现有一股力量始终在影响着这个国家的发展，其时间之长，贯穿了整个中国古代，那便是来自北方的游牧民族。和中原汉地相比较，他们的经济比较脆弱，一旦遇到自然灾害，便难以自救。但他们有一个中原王朝难以企

及的长处，那便是铁骑。晁错曾给汉文帝上《言兵事疏》，提到匈奴对汉朝有三大优势："上下山阪，出入溪涧，中国之马弗与也；险道倾仄，且驰且射，中国之骑弗与也；风雨疲劳，饥渴不困，中国之人弗与也，此匈奴之长技也。"匈奴人的马更优，骑射本领强，单兵耐力好。中原王朝与这些游牧铁骑作战，难免会力不从心，政权鼎盛的时候还好说，如果是王朝建立之初或者走下坡路时，就被动了。

所以就会在历史上有着这些记载：犬戎攻破镐京，汉初刘邦被围困于白登山七日；西晋永嘉之乱，长安洛阳沦陷；唐朝初年，玄武门之变不久，颉利可汗兵临渭水便桥，唐太宗不得已提出会盟；北宋靖康之变，宋朝两位皇帝被金人掳走；崖山之战，南宋彻底被蒙古人打败；正统十四年发生土木堡之变，明英宗身陷敌手；崇祯二年，八旗铁骑在北京城下耀武扬威。

欧洲远离这些游牧民族的中心，只遭受过不多的几次有限打击。而地处亚洲的中原王朝紧挨着这些游牧民族，打退一波儿，又来一波儿，实在是不容易。能够打败和击退这些民族的入侵，究其原因就是自己拥有更为强大的骑兵。汉朝和唐朝都曾深刻地认识到这一点。他们之所以把首都放在西部，就是要守护住西北部的产马地区，这是国家的根本。只要保住西北产马地区，就可以抵挡住游牧骑兵的推进，如果保不住，也就离亡国和战乱不远了。

随着时间的推移，北方游牧民族开始学习中原王朝的政治制度，渴求控制中原汉地。观察中国历代疆域图，细心观察便会发现，少数民族政权的南方疆界离海南岛越来越近。匈奴的疆域南到长城；北魏和金国的疆域南至秦岭、淮河；元、清则是占据了整个中原。

　　蒙古族和满族之所以能够入主中原，骑兵是一支重要力量。尤其是蒙古铁骑和八旗铁骑，骑兵固有的优势被他们发挥得淋漓尽致，其鼎盛时期足以让人闻风丧胆。不过骑兵也有其局限性，当军队抵达河网密布的江南时，其优势便很难施展，湿热的天气也使他们难以忍受，面对大江大海更是无能为力，这也正是蒙古人鼎盛时期的疆域并不包括印度、日本，以及东南亚等国的原因。

　　元和清的建立是游牧骑兵最辉煌的时期，俗话说："水满则溢，月圆则缺，物极必反。"周边环境正在悄然变化，世界步入热兵器时代。清朝末年，八国联军侵入北京，游牧骑兵在洋枪洋炮面前不堪一击，同时在世界范围内，骑兵这个兵种正走向没落。第一次世界大战，机枪、铁丝网大行其道，西线战场骑兵基本上没

有立足之地，英、法、德三国解散了很多骑兵部队，而坦克的出现，则使这一兵种进入谢幕倒计时。中国因为工业化水平基础十分薄弱，军队的机械化程度较差，骑兵依然活跃在战场上，开国大典上也有骑兵部队的身影，最多时，解放军一度有十万骑兵。但进入 20 世纪 80 年代，巨变终于到来，随着军委一声令下，百万部队脱下军装，一起离开的，还有骑兵这个兵种。

马匹和天气影响了中国的历史，对付骑兵只有用骑兵和火器。早期火器射速缓慢，使用麻烦，机动困难，射程近，实心炮弹如果使用得当，倒也勉强还能做一些相持和抵抗，但是第二次鸦片战争，游牧骑兵的终结终于到来。北京八里庄一役，八国联军的远射程大炮和机枪，击溃了 3 万蒙古骑兵的冲锋，终结了游牧骑兵的千年传奇，西方的进步科技终于以绝对优势压垮了中古蛮力，

游牧骑兵的时代，最终随着冷兵器一起结束了。

历史钩沉：

草原骁骑——内蒙古骑兵

在中国人民解放军的战史上，记载着这样一支骁勇善战的草原骁骑——内蒙古骑兵。解放战争时期，他们驰骋在辽阔的北疆大地上，参加过辽沈战役和平津战役，肃清了内蒙古草原残匪，为中华人民共和国的诞生建立了赫赫战功。中华人民共和国成立后，他们曾三次参加国庆阅兵仪式，接受了党和国家领导人的检阅。在抗美援朝时期，他们又为朝鲜战场运送和调训战马、支援前线。直到今天，英雄们的传奇故事仍旧在草原上广为流传。

解放战争时期，内蒙古地区的匪患十分严重，部分日伪残余、惯匪与地方封建势力相勾结，在国民党的支持下结为匪帮，窜扰于解放区腹地。他们配合国民党军队向解放区频繁袭扰，策动叛乱，劫掠商旅和农牧民财产，残杀干部群众，严重地妨害着解放区民主建政和社会改革等各项工作开展，给各族人民造成了极大危害。

1946年12月，骑兵第一师接到上级命令，派兵剿匪。当时，冬季的大草原，白皑皑的雪地无边无际，积雪一尺多厚。战士们经常在无人区行军十几天，仅靠吃炒米和雪维持生命。在牧区行军作战，没有条件洗澡，也没有被褥和换洗的衣服。战士们只有一件皮大衣，白天穿、夜里盖。到了晚上，全团只有一顶破帐篷，供电台人员住，其他人都是露营，不是睡在雪地上，就是睡在泥泞的草滩上。

为彻底消除匪患，内蒙古自治政府于1948年12月在辖区内展开了大规模剿匪行动，同时采取军事打击与政治争取相结合的方针，发动群众分化瓦解土匪武装。经过各部队的连续追剿，大股土匪被歼灭，部分匪徒被迫投降。经过两年多艰苦卓绝的战斗，内蒙古骑兵部队肃清了从兴安岭到贺兰山、由呼伦湖至居延海的匪患，让草原人民过上了安居乐业的新生活。

解放战争时期，内蒙古骑兵部队参加了辽沈战役和平津战役，为解放东北和华北做出了重大牺牲和贡献。当时，内蒙古骑兵第一、二、三师主要征战于东北战场，配合东北解放军部队参加了1947年的夏季攻势、秋季攻势和冬季攻势，而第十六师、十一师则配合华北战场作战。1948年9月，骑兵第一师和第二师奉命参加了辽沈战役中的黑山、大虎山地区阻击战和围困长春、解

放沈阳之战。骑兵第十六师和十一师配合华北解放军主力参加了察绥战役。同年12月，骑兵第十一师参加了平津战役中的张家口围攻战。为了中华人民共和国的建立谱写了新的篇章。

1949年5月，内蒙古人民解放军正式编入中国人民解放军序列，改称内蒙古军区，在解放战争时期，他们在区内负责肃清匪患，安定社会秩序，在区外配合野战军部队作战，在中国革命史上留下了不朽英名。

在抗美援朝战争中，内蒙古骑兵部队为支援前线，同样做出了突出贡献。当时，中国人民志愿军在朝鲜战场上的枪械弹药都需要骡马来拉运，此时适合战场环境的战马就派上了大用场。1951年，国务院总理周恩来向时任内蒙古军区司令员兼政治委员乌兰夫同志提出，要从内蒙古给朝鲜战场的志愿军购买一批军

马。乌兰夫同志当即表示，把内蒙古骑兵部队的乘马先送去，然后再从牧区和蒙古国购买新马，并且由内蒙古骑兵部队负责训练，调教好再送。当时，周总理非常赞赏这个主意，说这是表达了内蒙古各族人民和内蒙古部队支援抗美援朝的具体行动。运送和调教战马的任务下达后，内蒙古骑兵部队首先把自己心爱的战马一批批送上驶往朝鲜前线的列车。此后，内蒙古骑兵部队又为朝鲜战场调教、运送了数千匹合乎要求的战马。

1953年，当时在内蒙古骑兵第五师十五团四连任指导员的嘎拉仓接到上级命令：到蒙古国边境运送一批战马，送到骑兵部队驻地调教以支援朝鲜战场。于是，嘎拉仓带着四连战士和一个汽车连，奔赴锡林查干敖包庙。当时，我国在蒙古国购买了9000匹马准备送到朝鲜战场，四连负责将其中的5000多匹马从边境上运送到今旗下营附近。四连的战士们一个班负责运送四五百匹马，分成10多个小分队，赶着马匹前进。当时正是初冬，战士们穿的比较单薄，突然赶上草原上降温，由于供给跟不上，很多战士穿着单衣在风雪中执行运送任务。嘎拉仓千方百计地联系当地的供销社，购买了一批羊绒，让战士们缝在两层单衣中间充当棉衣，还给每个战士买了两条毛巾，系在一起缠住耳朵和额头。战士们穿的鞋也让嘎拉仓费了一番心思。当时，在草原上根本买不到棉鞋，无奈嘎拉仓买了一些麻纸，让战士们塞在两双袜子中间御寒。就在这样艰苦的环境中，四连战士在茫茫草原上长途跋涉。历时半个多月，终于将这批战马全数送到了指定地点。

在中华人民共和国成立以来所举行的历次国庆阅兵仪式中，中国人民解放军骑兵部队曾经受阅4次，其中内蒙古骑兵部队就参加过3次。

1954年6月初，接到参加国庆阅兵仪式的命令后，骑兵第五师十四团和十五团的战士们乘坐火车进驻北京德胜门外太平庄村，投入训练。训练是艰苦严格的，战士们每天最少要在阳光暴晒下坚持训练 4 至 6 个小时。战士们骑在马上，按照指挥员的口令，不断变换着队形，人和马在每次训练完了都是汗流浃背。除了每日参加训练外，战士们还要饲养马匹，洗刷马匹，十分辛苦。

当时，在训练中有一句口号，叫作"齐如刀切、洁如刀光"。"齐如刀切"就是队伍要做到人头一条线、马头一条线、枪口一条线、军马一条线，像刀切出来一样齐；"洁如刀光"讲的是干净，做到皮革发亮、金属发光，马蹄还要擦油。经过 4 个多月的艰苦训练，骑兵部队的战士们终于迎来了接受祖国和人民检阅的神圣时刻。1954 年 10 月 1 日上午 10 时，内蒙古骑兵部队 6 个方队，雄赳赳气昂昂地走过天安门城楼，向毛主席等国家领导人敬礼。整齐威武的内蒙古骑兵部队给全世界人民留下了深刻印象。

14

近代骑兵的落寞散场

联军方面的目的是要攻克北京，同第一次鸦片战争的沿海战斗不同，此次要进入中国内陆，势必面对中国的庞大军队和自中世纪就闻名天下的蒙古骑兵。

　　1860 年，英法联军的猛烈炮火摧毁了清朝皇室的骄傲，不可一世的大清王朝从此走向没落。然而，容易被人忽视的是，乘马战斗的骑兵依然是这个时代军队中的重要组成部分，在这场战争中，充斥着大量的骑兵战，他们是影响这场战争胜负的不可或缺的组成部分，而英法联军和清军的骑兵都发挥了自己的作用。

　　清朝拥有庞大的军事力量，其核心是满族八旗，入关后，则

收编了大量的汉人步兵作为绿营军。到了 19 世纪中期，满族八旗严重腐化，战斗力急剧下降，而数量庞大的绿营军又从来不具备什么真正的战斗效能，于是来自帝国北部边疆的蒙古八旗，成了清朝军事力量的中流砥柱。来自草原的蒙古骑兵们，自古以来就是东方世界最强的战士，即使在清代后期，他们依然保持着古朴彪悍的风气，战斗力不减当年。僧格林沁率领的蒙古骑兵，多次击败让整个朝廷都闻风丧胆的太平天国军队，击溃了太平天国的北伐，体现了蒙古骑兵无愧于其祖先的强悍战斗力，这些来自察哈尔的蒙古马队，被咸丰皇帝称作"大清的长城"。当第二次鸦片战争爆发时，僧格林沁和他的蒙古骑兵被派往京津去对抗英法联军，算是晚清战斗力的中坚了。

联军方面的目的是要攻克北京，同第一次鸦片战争的沿海战斗不同，此次要进入中国内陆，势必面对中国的庞大军队和自中世纪就闻名天下的蒙古骑兵，在近代战争中，骑兵已经不像中世纪一样是战场的核心力量，他们已经无法再正面对抗步兵和炮兵，但是仍然可以通过机动来打击一支军队的侧翼和后方，以及配合

步兵完成对敌人的包围，在战斗进入僵局时，骑兵的冲击力仍然是最重要的战场因素。为了解除蒙古骑兵的威胁，英法亦调集了非常强悍的骑兵力量，他们是来自世界各地的精锐骑兵，其中包括来自英国本土的最强大的"女王"近卫龙骑兵团，来自法属北非殖民地的凶悍的"西帕希"骑兵团，来自英属旁遮普的尚武的"普罗比"锡克骑兵团，以及来自英属印度的"费恩"印度骑兵团。联军的骑兵数量近1500人，他们面对的将是万人规模的大清的骑兵。这场战争将见证欧洲最好的骑兵＋北非最好的骑兵＋南亚骑兵与规模庞大的东方骑兵的对决。

1860年8月，联军登陆占领北塘后，立刻遭到了清军骑兵的攻击，机动的大清骑兵们迂回到联军薄弱的侧翼实施攻击，迫使联军的总指挥——法国老将孟托班急令部队迅速后撤，但还是未能及时全部撤离。8月12日，3000多名满蒙骑兵抓住了一支700人的英法联军步兵队伍，并试图对其进行包围，英法步兵组成空心方阵抵抗，阿姆斯特朗重炮的火力与步兵刺刀密集层叠的组合，让满蒙骑兵一筹莫展。空心方阵是那个时代步兵对抗骑兵最有效的方法之一。

此时英国"女王"近卫龙骑兵团（329人）和由锡克人组成的"普罗比"骑兵团（456人）赶到，前者拔出佩剑，后者端平长矛，共同向满蒙骑兵发动了迅猛的攻势。满蒙骑兵立刻散开，以复合弓进行游击骑射作战，他们的行动非常灵活，但在英法步炮兵的火力压制及英印骑兵的坚定冲锋下，最终被击溃，并且伤亡悬殊。

英国人和锡克人的白刃战技巧相当精湛，在近战中占据绝对优势。一名锡克骑兵对满蒙骑兵评价道："很难抓，但一旦抓到之后就造不成什么伤害了。"

8月24日，英法联军步兵在强大的海军炮火支援下攻克了天津，随后向北京进军。京津路上的田野是伏击战的理想场所，清军的骑兵游弋于京津沿路，对联军进行骚扰，联军亦派遣自己的骑兵侦察敌情和掩护自身的侧翼。9月17日，法国的北非西帕希骑兵团在行进中，遭遇了数量不明的大量满蒙骑兵，性情凶悍的北非骑兵们，骑乘着高大神骏的阿拉伯战马，冲刺速度极快，满蒙骑兵的弓箭骑射无法生效，这些服饰华丽的北非骑兵，以极快的速度冲进了满蒙骑兵的队伍中并击溃了他们。9月18日，英国女王近卫龙骑兵团和印度费恩骑兵团共400余人，在侦查途中遭遇一支数量远超自己的2000人的蒙古骑兵队伍，英印骑兵组成密集而严整的阵形，对蒙古骑兵发动了猛烈的白刃冲锋，将蒙古骑兵打败。满蒙骑兵在京津路上对联军的攻击和骚扰，最终以自身的损兵折将而告终，他们的骚扰全部被联军骑兵及时驱逐了。

9月21日，英法联军进逼北京，清军的主力在北京城外的八里桥与联军做殊死决战。联军共有步、骑、炮各兵种8000人；清军则有5万人，其中有近一万名来自蒙古草原的彪悍骑兵。清军的火炮数量很多，但是原始的各自零散射击的方式很难对联军造成有效杀伤，联军将领记录到很多清军的炮弹从联军头上飞过，但几乎都没有命中目标。联军炮兵在高效指挥系统下集中火力射击，对清军造成了毁灭性伤亡。近代线列战术体制下的军队对于古代式的军队，有着无可比拟的优势，训练有素的步兵阵线，是完全可以抵御骑兵的。

僧格林沁看到自己的火力远不如对手，便命令蒙古骑兵冲击联军的阵地，在联军炮火和步枪的打击下，被派出的蒙古骑兵全部在半路上被密集的弹幕消灭。僧格林沁最终发现了英军与法军薄弱的接合部，遂派出最后的精锐骑兵力量向接合部冲击，以分割消灭联军，这是清军最后的希望。然而英国女王近卫龙骑兵团和新加入战场的印度帕坦骑兵团及时赶到，以凶猛的反冲锋击溃了蒙古骑兵。在联军骑兵的引导下，英法步兵上刺刀，向已经被炮火轰的焦头烂额的清军步兵发动白刃冲锋，清军全面崩溃，联军乘胜追击，最终攻克了北京城。在这场气势磅礴的大战中，清军有万余人战死，而联军只有十余

人的伤亡。虽然清军在这场战斗中表现出了异常的英勇，但仍然只换来了一个令人感慨的悲惨战局。

在整个第二次鸦片战争中，满族和蒙古族的东方骑兵可以说已经发挥了全力，他们作战骁勇，又灵活机动，尽管他们不可能从正面冲破联军步兵和炮兵的火力，但是仍希望通过侧翼迂回去接近并打击联军，然而，所有的迂回和偷袭全都被早有准备的联军骑兵破解。曾经在中世纪让全世界颤抖的东方游牧骑兵，在近代外国骑兵面前显得不堪一击，体现了双方在纪律和战术水平上的巨大差距。

近代欧洲骑兵战术进步神速，同步兵和炮兵的进步一样，欧洲的骑兵也发展出了遥遥领先于世界的战术体系。近代欧洲骑兵总体上分为正规骑兵和非正规骑兵两种，正规骑兵包括胸甲骑兵，龙骑兵和正规枪骑兵等，非正规骑兵包括骠骑兵、非正规枪骑兵、猎骑兵和各种殖民地本地征召骑兵。

正规骑兵是战场上的决定冲击力量，他们的作战方式为排成密集而整齐的线形阵列进行白刃冲锋，每条线列冲击敌人后，并不像古代骑兵那样陷入散乱的单兵混战，而是强行顶着敌人的射击或砍杀，快速撤离，重新结阵，反复列成整齐队形冲锋。这种始终依靠整齐划一的力量，各排甚至各团密切配合的集体冲击方式，能够轻易击溃所有传统模式的骑兵。自从近代西方正规骑兵出现以来，世界上再没出现过任何非正规骑兵在正面冲锋中战胜正规骑兵的战例。

非正规骑兵是侦查、巡逻、偷袭、追击等任务的最佳执行者，非正规骑兵无法像正规骑兵一样进行密集线列冲击（那需要相当高难度的大量配合训练以及精心培育和挑选的强壮马匹），但是，非正规骑兵往往都是个人马术和刀法的高手，一旦正规骑兵的密集队形被散开，那么他们往往不是灵巧的非正规骑兵的对手。几乎所有的古代骑兵都可以算作非正规骑兵，即依靠一个个单体的技巧去达成共同目标，满蒙骑兵也不例外。但是古代骑兵与近代西方非正规骑兵存在一个本质区

别，那就是科学系统的职业训练。

第二次鸦片战争中，来自英国本土的女王近卫龙骑兵团是当时世界上最好的正规骑兵队伍之一，来自北非和南亚各殖民地的骑兵则都属于非正规骑兵。北非人和锡克人都是极度凶悍尚武的民族，他们的骑兵天赋和战斗传统完全不亚于蒙古人，在接受了欧式的职业化骑兵训练后，所具有的战斗力自然远非只凭游牧民族天赋战斗的大清骑兵可比……即使同样是非正规骑兵。英军的近卫龙骑兵则是正规骑兵，英军正规骑兵在世界各地殖民时都显示过强大的实力，任何非正规骑兵在他们面前都显得不堪一击，在第二次鸦片战争中，龙骑兵们轻松地在战场上击溃和驱逐了传统的东方骑兵，并向中国庞大的步兵群发动了致命的冲锋，和英国龙骑兵相比，就连与其并肩战斗的尚武的锡克骑兵都在战斗技巧上显得相形见绌。以蒙古骑兵为代表的古代优秀骑兵，在近代军事进步面前，早已难有大的作为。

第二次鸦片战争体现的远远不止是武器上的差距，更是纪律，训练，战术思想等全方位的差距。时至今日，研究这场战争中的每个细节，依然是有现实意义的。

15

蒙古族博克很有料儿

搏克比赛是最广泛的群众性活动。只有性别之分无年龄和体重之别，任何人都可当场报名当场参加。

在别的文化中，男孩在周末午后练习足球或网球。也是这般年纪，蒙古男孩开始了摔跤的训练。步伐、动作、扑击，各有传承，出场的架势，更是别具一格，行家一眼就瞧得出是哪个门派。站着，要如雄狮一般的扎实，双臂则是仿效神鸟平举外扬，这还有个名堂，叫作"大鹏展翅"。摔跤的规矩是要把对手压在地上，若对方的膝盖或是任一手肘着地，就算获胜，获胜的摔跤手要高举双臂示威。在这种场合里也有星探，专门探访天赋异秉的男孩，施以特训，待培育成半职业的新秀，再送进训练营，进一步深造。

最终的目的，就是把他们送进那达慕大会的摔跤场，击败对手，扬名立万。这可不是件容易的事：那达慕摔跤大会一开场，就是五百一十二位穿着厚重蒙古皮靴、紧身裤、皮背心的彪形大汉，一字排开，龙行虎步，顾盼自雄，但是，在这群豪杰中，最后只有一个冠军。摔跤在外行人眼里，有点无聊冗长，只是看到两个选手揪来揪去，步履缓慢沉重，但是，蒙古观众却很能体会个中奥妙，大呼过瘾。获胜的选手（不管他体型有多庞大）会被一群人高举过头，环场接受欢呼。如果他是屡战屡胜的老手，就可以得到"巨人"的封号。

旧时，严格遵守禁忌的搏克手在每年的5月到9月是不住在家里的，睡觉时不能平躺，需蜷曲身子，保存实力避免疲劳。比赛休息期间不能来回走动或站立观赛，不能过分集中视力关注近前的物品或人物。科学上讲，这些都是保存能量，应战比赛的办法。不能过分吵闹嬉笑，禁止在双肩上放手，尤其穿上"卓铎格"站立时，他人不能在其双肩上放手。据说人的运气之火在双肩上燃烧，如果把手放在他人双肩上就使其火灭掉，此人就会走霉运。卓铎格不能随便乱放，忌讳坐踏，比赛结束后将卓铎格、裙裤、套袖在内的搏克服饰收好捆成一团，挂到屋里的墙上。搏克服饰不能清洗，传统说法认为服饰上粘有运气保佑搏克手在比赛中获胜。

搏克服饰展示了蒙古族传统的服饰文化。搏克手上身着革制坎肩，称"昭得格"，裸臂盖背，上面镶有铜钉或圆钉，蒙古语称"涛不如"，通常128个，与搏克比赛参赛人数量相当。后背

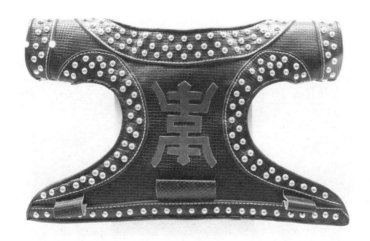

中间有圆形的银镜或蒙古语的"乌珠穆沁""吉祥"之类字样。腰间系用红、黄、蓝色绸子做的围裙称"策日布格"。下身穿用32尺或16尺白布做成的肥大"班泽勒"即裙裤。其外套一条绣有各种动物图案的套裤，称之为"套袖"，这种套裤的式样和花纹，颇为讲究，一般用白绸布做底，再盖一层蓝、绿、黑色布，上面以红、黑色各式样变形盘肠贴花、缝缀锁补或牵补，形成大块面的贴花艺术，也有用其他云纹或活泼流畅的纹样贴花缝缀的，

给人以醒目大方，美观雄壮而又稳健的感觉。

搏克比赛是最广泛的群众性活动。只有性别之分无年龄和体重之别，任何人都可当场报名当场参加。在比赛中，外表瘦弱的人和高大粗壮的人进行的对决是最吸引人的一组，尤其当弱的一方把粗壮的对手摔倒时将得到全场人的喝彩，将蒙古人对力量和技艺的崇拜展现得淋漓尽致。

一跤决胜负。每位选手只有一次机会，在比赛中只要被绊倒一次即视为输，将被彻底淘汰不会再有任何上场的机会，膝盖以上任何部位着地为负。展现了蒙古人直爽豪迈的性格，机会稍纵即逝，失去了将不再来，体现着一有机会将勇往直前的人生哲理。

13 世纪蒙古族兴起，元朝建立，搏克运动开始用于政治、军

事以及经济和文化娱乐，胜负标准从生死相搏逐步演变为双肩着地和躯干着地即负。当代中国的搏克，随着人类社会的进步，胜负标准又发生了质变，即膝关节以上任何部位一点着地即为负，也就是点到为止，胜方决不二次用力。

比赛时运动员下肢可采用踢绊等动作，但只限用膝关节以下，上肢可使用任何推、拉、抱、揉动作，但只限于臀部以上。搏克具有强烈的对抗性和竞争性。摔跤场上，四目炯炯分毫不让，即使是同胞兄弟也不例外。有意输掉，反会被对方视为心不坦诚，不堪交往。一旦某方倒地，都抢先扶起对方，然后共同切磋技艺，友好地互相勉励，洋溢着人与人之间友爱合作的美好情谊。绝少出现因赛场上的胜负而彼此不愉快的场面。如果某个摔跤手以强凌弱，在已经取胜的情况下，还使用过激的摔法，就会成为被大家所不齿的人。

搏克自始至终努力确立人与人之间的团结、友爱、和谐的平等关系；对人体而言，搏克追求无比强壮和健美；对社会生活而言，搏克追求人与人之间互敬互爱、和平团结、和谐友爱、持久永恒的平等和无限博爱的美好关系。这种文化内涵始终贯穿着搏克的整个发

展过程。搏克运动体现了对生活的大彻大悟、超凡洒脱。

　　搏克内涵非常丰富，涵盖蒙古族政治、经济、文化、军事、哲学思想等方方面面，它不但是勇敢和力量的象征，也是聪明和智慧的结晶；搏克历来提倡人人平等、不畏强暴、不欺凌弱小，

　　重在参与；经过参与、交流、拼搏、竞争，达到消除隔阂、忘记仇恨、增进友谊、加强团结，最终达到皆大欢喜之目的。

　　搏克作为蒙古族传统体育项目，不仅是一种体育项目，更是一种经过代代传承积淀下来的民族文化。世界上有多少民族，就有多少种摔跤形式。其中蒙古族搏克的竞争意识既符合奥林匹克运动竞争意识，又保持有浓郁的民族特色，与人们的日常生产劳动相结合，十分贴近生活。2006 年 5 月 20 日，蒙古族搏克经国务院批准列入第一批国家级非物质文化遗产名录。

搏克手退役与青年搏克将嘎授予仪式

"搏克退役"仪式通常在那达慕大会开幕仪式后，摔跤比赛正式开始之前举行，历史上官方或寺庙才有资格主持这样的仪式。蒙古语称为搏克达尔汗拉，即授予搏克手达尔汗称号。达尔汗，在这里是终身的、荣誉的意思。达尔汗搏克，是个光荣的称号，是功成名就的象征。50 岁以上的长者，因为年老而不能继续称雄于跤坛，才能获此称号。搏克手被授予达尔汗称号后，从此宣告退役，不能再参加任何的比赛。

授予达尔汗称号的仪式并不繁复，但整个过程极富象征意义。两位搏克手，如同比赛一样穿戴整齐，在三唱《邀跤曲》后跳跃入场，在主持人历数他们跤坛佳绩的赞辞上，绕场漫步，接受众人的注目礼。随后，两位搏克手完全遵照正式比赛程序，仪式性地表演。经过一段搏克技巧的展示后，摔成平局，作为退出跤坛的最后一战。达尔汗称号授予仪式，同时也是年轻搏克将嘎授予仪式。

被授予将嘎的搏克手并排而立，跳跃入场后，走到主席台前，向主席台和周围的观众行礼，由政府领导亲手将将嘎授予他们。而代表达尔汗搏克荣誉的将嘎要传给年轻的较有潜力的搏克手，并祝福他们传承自己的技艺与运气，成为优秀的搏克手。在蒙古人心目中，成为达尔汗搏克意味着荣誉和终身成就，也象征着搏克的代代相传和英雄辈出。通过象征荣誉、身份以及附有"神力"的将嘎的传递，隐喻着代表力量的繁盛生命力的搏克的转化或接续。

摔跤不仅是力的拼搏，也是智的较量。它有一系列完整而科学的技术技巧。

摔跤手入场时，多由专门的长者用嘹亮激越的长调唱"摔跤手放出来了"，唱过三次以后，摔跤手跳着粗犷而矫健的步子入场，向主席台行礼，顺太阳旋转一圈开始交手。有的那达慕大会在摔跤正式开始之前，尚有一场别开生面的表演赛。参加表演的多系四十五岁以上的功勋摔跤手，年轻时都是名噪一时的摔跤手。这些人虽然退出赛场，久经沙场，但经验丰富，技巧娴熟，往往被聘为教练和裁判。在比赛开始前的这场表演，常常比正式比赛还要精彩，让人大饱眼福。有时他们还要将自己的摔跤坎肩上的吉祥结，赠给他们认为最有希望的继承人，并举行一番交接仪式。然后比赛方正式开始。

搏克赛场上有一位专门主持整个比赛的主持人。首先主持人播报将要出场的搏克手名单和下一场出场的搏克手名单，让后者

高歌出场

奋力拼搏

做好准备工作。在比赛中搏克手们是所在的旗或苏木的代表，代表着这个旗或苏木的名誉，作为著名搏克手的同乡，人们会感到自豪和高兴，如果取得了好成绩大家就高兴，取得了不好的成绩就会惋惜，所以，著名搏克手的成绩与所在单位荣辱紧密相连。

　　因此，主持人播报的格式是某某苏木、镇的某某名搏克手，搏克手们在裁判的指导下站成两排，左边出场的是普通搏克手，右边出场的是带有将嘎的著名搏克手。播放搏克"乌日雅"，乌日雅为蒙古语，指摔跤手之歌，搏克出场音乐，是蒙古族传统的音乐因素与搏克运动有效结合的产物，成为搏克比赛开始的信号。搏克手们小跑进场，到场中央后展开双臂、做雄鹰展翅动作，也是传统的搏克入场动作。据搏克手们说是为了增加气势、展现力与美的和谐。入场后搏克手们排成一排，顺时针方向转圆圈。

　　主持人再次点名，被点到名字的选手举手示意"到"。按事先编排好的比赛名单将两名搏克手安排在一起比赛。双方见面后先握手，然后开始比赛。胜者到主席台报名准备下一次出场，败者领纪念品退场。

胜负之礼

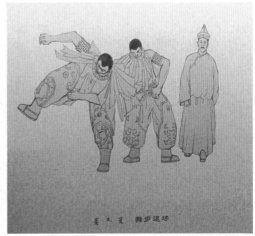

舞步退场

　　一般在那达慕会场主席台的正前方设立专门的搏克帐幔，这是那达慕比赛场地的象征。帐幔多为白色，上面绘有蓝色的佛教祥瑞图案，如鹿、经轮等，搏克手们在那里等候上场。搏克赛正式开始前，搏克手排成两队，优秀的佩戴将嘎的搏克手从右手边（西边）入场，而新手或没有将嘎的搏克手从左手边（东边）上场。一般而言，第一轮第一安排上场的是重量级的摔跤手，如跤王等，与他交手的则是年轻的新手。

　　在每队之前有一位长者站立，形成如两扇门似的入口通道。两组对阵跤手的领头者将两臂搭在前方长者的肩上，俯身待发。每次出场，小型那达慕两边各有 8 位，大型那达慕则各有 16 位搏克手。在三唱《邀跤曲》之后，两边跤手从两位长者中间跃入场地，作鹰舞飞跃状，跳入场内，并向主席台行礼。

　　搏克手入场舞，蒙古语称"德波乎"或"玛格西拉特"，模仿的是飞禽走兽之姿，如雄鹰、麋鹿、雄狮等，这是搏克古老的仪式，具有神性和特殊的寓意。入场舞蹈说明与游牧文化的关系，模仿的这些动物被视为是传说中的祖先，或具有保护山水的神力，被认为具有社会和文化方面的意义。通过模仿它们的动作，展示搏克手的威武雄壮、生龙活虎，充满斗志和生命力。搏克手身体表达象征着一种力量，特别是具有一种超人的力量。"搏克对于社区，对于一个地域而言，具有神力，是力量丰饶的象征。"

邀请搏克手上场的音乐，蒙古语称为"搏克因乌力亚"。其唱词简单，曲调悠长，一般唱三遍后搏克手们跳跃入场。过去都由长调歌手现场演唱，如今都使用录音，用广播播放。唱词大意为："请带搏克入场啊……"《邀跤曲》是搏克比赛中贯穿始终的音乐，邀跤曲一唱，新一轮的比赛即将开始，如同战场的"号角"，象征着搏克比赛的开始。邀跤曲语言简朴，富于鼓动性。雄浑苍劲，粗犷豪放，烘托出即将展开的拼搏激战的气氛，助长跃跃欲试的搏克手的威猛。因而《邀跤曲》具有提醒搏克手做好上场准备，起到振奋和集中精神的作用。

摔跤是蒙古族传统的男儿三技之一，摔跤的方式和规则最初

可能没定例，后来才渐渐完备起来。在人数上，一般采用双数成倍增加的方法：如2、4、8、16等。在摔跤以前，要把参赛者分成两部分。其法是：根据以前掌握的情况，先把所有摔跤手分为四个等次（最好的为第一等次，最差的为第四等次），每个等次都排起队来，报单数的为东部，报双数的为西部，这样就把全部参赛者分成两半。然后由东部的第一个和西部的最后一人交手……如此摔下去便是第一轮。一轮完了再分成两部，直到决出冠军为止。裁判二人胜负的标准各地不一：内蒙古以对方膝盖以上部分着地为输。卫拉特蒙古（新疆）甚至全身着地都不算输，只有双肩或腰部着地，被对方压住挣扎不起来才算输，颇有点柔道的味道。

摔跤不仅是力的拼搏，也是智的较量。它有一系列完整而科学的技术技巧。有经验的摔跤手，并不急于进攻对手，而是挑动对方向自己发起攻击，从而发现他的弱点，出其不意地将其摔倒（包括利用对方本身的力量摔倒对方），或先消耗对方的体力，再伺机向之发动攻势。讲究用肘部遮挡对方的视线，或用头部顶住对方的胸脯，使其不能下视，以

便脚下使绊子。摔跤的传统技巧过去讲有十八般。近年有人整理出三百余种，它也是随着实践不断发展的。

蒙古式摔跤的摔跤手一律穿耀眼的香牛皮坎肩，坎肩边缘饰有铜、银泡钉，既增添了美感，又便于对方抓紧。下身穿着肥大的（用一丈六尺或三丈二尺布做成）套裤，膝上绣着充满民族特色的图案和花纹，脚蹬结实的蒙古靴，脖颈上缀着吉祥结和各色彩绸。这是一种荣耀的标志，谁参加那达慕的次数越多，名次越高，谁的彩绸就越多。

故事链接：

巴林摔跤手

早先，在巴林旗有一个挤牛奶的老太太。这老太太有一个独生子，他从小就喜爱摔跤。因此，妈妈就给儿子缝了一只牛犊皮口袋，让他到野外牧羊时，拿着玩耍。

这孩子一到野地，就拿那皮口袋装满沙土摔着玩儿。过了几年，这孩子长成大人了。

这时，牛犊皮口袋已不顶事了，他重新缝了一条粗大的大牛皮口袋，每当他出外放牧时，照旧装满沙土，继续摔跤。日久天长，他变得更加强壮了。装满沙土的袋子，他毫不吃力地就能举过头顶，抛出老远。或是从一旁跑来用腿一扫即将立着的口袋绊倒。每当这时，他就高兴得手舞足蹈起来。

逢年一次的旗"敖包会"来到了。儿子很想去参加，他向母亲哀求，母亲又到王爷那里请求。于是，巴林王让挤牛奶老太太的儿子加入了牧民摔跤队，同时，赏给他一件破旧的皮"卓铎格"和一双破裂的皮靴子，作为给挤牛奶老太太的儿子进入成年的礼物。

　　挤牛奶老太太的儿子连续三年都得了旗"敖包会"的头奖。他的声望遍及远近各旗，大家都称呼他为"巴林摔跤手"。有一年正逢乌珠穆沁王的五十寿辰，各旗的王爷都接到了发来的请帖。巴林王为了给乌珠穆沁王贺寿，准备了大批礼品。同时，想在庆寿典礼上显露一下巴林旗的威风，就找了他的摔跤手来，嘱咐说："我命你，跟随我的代表去参加乌珠穆沁王的庆寿大典。你要在摔跤比赛会上夺取头奖。不然，我就砍掉你的脑袋。"王爷给他的摔跤手一根绊绳和一套笼头，意思是：让他必须牵回奖马来。

　　巴林摔跤手知道自己如果失败了，非得被王爷砍头不可。于是他没精打采地走出王府，回到家里。他恳求了母亲的祝福，而后，母子两人便痛苦地分别了。巴林摔跤手跟随着王爷献礼的代表官员，离开家乡，来到乌珠穆沁。

巴林摔跤手到了乌珠穆沁，立即跟随本旗的代表官员前往王府去拜会乌珠穆沁王。这一天，正赶上乌珠穆沁王举行大宴，招待各旗王爷派来庆寿献礼的代表官员们。乌珠穆沁王接见了来宾之后，转向巴林摔跤手问道："啊，你就是鼎鼎大名的巴林摔跤手吧？"

巴林摔跤手叩头答道："是！王爷。"

乌珠穆沁王接着又问："你出来的时候，你的王爷向你嘱咐过什么没有？"

巴林摔跤手说："托王爷的洪福，我的王爷让我争取摔跤比赛的头奖回去。"

乌珠穆沁王又问："那么，你自己怎么打算呢？"

巴林摔跤手毫不犹豫地回答说："我也是想骑上王爷赐给的奖马呢？"

乌珠穆沁王听了这个回答大怒，心想："穷小子，胆敢小瞧我乌珠穆沁王手下无人！"他为了试探一下巴林摔跤手的力气，随手便把筵席上的一根粗大的牛椎骨扔给巴林摔跤手，令他吃掉里面的骨髓。巴林摔跤手赶紧接过骨头，向王爷叩头谢恩。正当他举起骨头准备折断时，乌珠穆沁王手下的左右官员们哄堂大笑起来，对巴林摔跤手说："嗬呀！你是要用刀子还是斧子？"

巴林摔跤手满不在乎地说："这有什么！用不着刀子，也用不着斧子。"随即仅用六个指头就将那根粗大的骨头从当中折断了。乌珠穆沁王吃了一惊，也领教和见识了巴林摔跤手的厉害。

乌珠穆沁王为了不让巴林摔跤手取得头奖，特意将摔跤比赛会延期一个月，派遣许多人到各地搜罗多名摔跤手，直到集中了五百七十对摔跤手之后，才宣布大会开幕。

摔跤比赛开始了。那巴林摔跤手好似疾风烈火一般，刹那间就摔倒了好多人。乌珠穆沁王一看事情不妙，就急忙下令停止一对一的比赛，集中所有的摔跤手一个接一个地来对付巴林摔跤手一个人，一心要把他累垮。王爷这种办法是破坏摔跤规则的无理行为，许多人对此都非常不满，但只是敢怒不敢言。

乌珠穆沁王千方百计地想挫败巴林摔跤手，可是那么多的摔跤手无论如何也敌不过巴林摔跤手。

巴林摔跤手头几天脚不离地就将对手摔倒，但越到后来，强手越多，相持的时间也就越长，到最后只剩下一个对手——乌珠穆沁王手下的带金卓铎格，也是一位声名显赫的著名摔跤手。这两名强手一直摔了三天，直摔得皮靴和卓铎格全都破裂也不分胜败。最后一天比赛刚刚开始的时候，乌穆沁王的摔跤手想趁巴林摔跤手不加防备的时候，上前猛然把他抢倒，可是对方的脚下像生了根一样，一动也不动。二人相持到最后，巴林摔跤手集中全身力气，终于将带金卓铎格的摔跤手双手举起来，摔倒在地。

乌珠穆沁王无奈，只好把头奖的马奖给了巴林摔跤手。此外，又别有用心给了他一铁车金元宝。说："离这里三十里地，有一头红牡牛，在那里圈着，你把我给你的这一车金子亲自推到那里，把红牡牛套上拉回去。假如你把这一车金子，推不到圈红牡牛的那个地方，我就以违抗王爷命令的罪名，立即杀你的头！"

巴林摔跤手给王爷叩完头，推着那车金子，迈着沉重的步子，奔向王爷指定的地方。

他走近那牛圈，从一旁望去，果然在一个宽敞的牛圈里，站着一头看上去要比普通牡牛厉害三四倍的红牡牛。那牡牛双眼像火一样的红，"呼哧，呼哧"地喘着粗气，双角上沾满了人血，急得满圈乱转，它正在等着王爷送新鲜的活人来给它吃。

巴林摔跤手心想：如果失败了回去嘛，被巴林王砍头。现在摔胜了嘛，乌珠穆沁王又设计害我。反正都是黑心的王爷们安排的一条死路……又一想：如果冲破乌珠穆沁王的这一难关，也许能逃命，于是他心一横便打开牛圈的门，走了进去。

那牡牛吃惯了人肉，一看有人走了进来，便往后退缩身子，头一低，四蹄一撑，猛力地向巴林摔跤手顶去。巴林摔跤手急忙向一旁闪开，紧跟着抢上前去，抓住了牤牛尾巴，用力地往后拖起来。这时，红牤牛也拼命地向前挣脱，双方就这样你拖我挣地纠缠起来了。巴林摔跤手拖着拖着，心生一计，突然撒开了牤牛的尾巴，飞快地跳在那牤牛的背上，用力折断一只犄角，不分嘴脸地乱打起来，一直把那凶暴的牤牛打得乖乖地驯服了，才住了手。

王爷听说巴林摔跤手治服了红牤牛，不甘心放掉他的性命。于是，又放出两匹疯骆驼去追赶巴林摔跤手。

这两匹疯狂的骆驼，一匹叫"瀚盖"，一个叫"毛盖"。瀚盖不管遇见什么活的东西，都会拼命地仰着头往前撞。毛盖不管遇上什么活的东西，都会低着头疯狂吞吃掉。

正当巴林摔跤手喜气洋洋地驾驭着红牤牛，自以为不久就要和母亲重逢时，忽然回头看见那两匹疯骆驼从后边狂叫着赶来。巴林摔跤手急忙跳下车，将车厢上的铁棍拔下，站到路旁准备迎敌。这时，瀚盖仰头猛撞上来，巴林摔跤手急闪一旁，随后抢上前去，将瀚盖的前背打断；接着又把贴着地皮攻上来的毛盖的嘴打烂。两匹疯骆驼立即倒在地上死去。

巴林摔跤手继续赶路，以为这下可脱出虎口，平安无事地返回家乡了！哪知，乌珠穆沁王早已派来了一百名火枪手埋伏在乌珠穆沁旗和巴林旗的边界上。巴林摔跤手夜间路过边界时，就被王爷们派来的火枪手们给枪杀了。

巴林王听到他的摔跤手被杀死的消息后，却没动声色，他认为：为这样一个普通牧民和乌珠穆沁王闹翻太不划算，于是，把这件事就悄悄压下去了。

可是，巴林摔跤手的名字，并没有被人们遗忘，草原上的牧民们都纪念着他，至今仍在流传着这位英雄的故事。

17

狩猎备战两不误

过去蒙古人的打猎活动，大体上从秋末冬初开始一直坚持到第二年的初春。

狩猎，亦称围猎、打围、畋猎，是蒙古民族古老的生产方式。蒙古族狩猎经济的产生可以追溯到漫长的原始社会。在蒙古族的发祥地额尔古纳河流域的山林地带，其祖先在密林中度过了漫长的狩猎生涯。《蒙古秘史》里记载，在成吉思汗成长时期，他们全家人曾迁往流经不尔罕山前的桑沽儿小河的哈剌只鲁格的阔阔海子地方住下，生活就是靠捕杀土拨鼠、野鼠来维持。

蒙古民族是从狩猎开始兴起并发展壮大起来的。王国维之《黑鞑事略笺证》云"建炎以来系年要录一百三十三：'鞑靼止以射猎为生，性勇悍'"，可见当时主要从事狩猎业。以后由狩猎进入游牧业，蒙古人仍是过着马背生活，继承了所有北方民族"穹庐毡帐""食肉饮酪""身衣裘褐"而善骑射的生活习俗。为了适应"随逐水草、不恒厥处"的生活环境，蒙古人自幼便接受骑射生活的严格训练。《黑鞑事略》载："其骑射由孩时绳束以板，络之马上，随母出入。三岁，以索维之鞍，俾手有所执，从众驰骋。四、五岁挟小弓短矢，及其长也，四时业田猎。凡其奔骤也，跂立而不坐，故力在跗者八九，而在髀者一二，疾如飙至，劲如山压，左旋右折，如飞翼，故能左顾而射右，不特抹秋而已。其步射，则八字立脚，步阔而腰蹲，故能有力而穿扎。"这段描述，生动展示了蒙古人的骑射绝技，要达到如此精妙程度，确非一日之功。

《世界征服者史》中载："凡从事战争者，必先训练使用武器，必须熟于围猎，如何迫近野兽，如何遵守秩序，如何依人数多寡，

包围兽类。围猎之先，必派斥候侦察消息。蒙古人不从事战争之时，就行围猎，使其军队训练无间断。其目的，不仅在于围猎本身，还在于训练战士熟于射术，能耐艰苦"。所以狩猎不仅是在获取猎物、娱乐方面的作用，而且在军事训练，生产生活中也具有重要的意义。

　　古代游牧社会的生活比我们想象得更加不稳定。风调雨顺的

时候，可能过得很舒服；稍微有点意外，比如气候反常之类，就会经济崩溃。我们常说古代农民生活不稳定、靠天吃饭，其实古代牧民更是靠天吃饭。

不仅是对于蒙古族而言，狩猎对于所有古代游牧民族都非常重要。首先，狩猎是重要的生产补充方式，经济意义很大；其次狩猎对牧民来说是一种精神生活和娱乐方式，游牧民族的一大乐趣就是狩猎；第三，狩猎相当于一种军事训练以及对部落组织管理能力的训练方式。调动一大堆人，分工协作办一件事，从一开始的布置、策划、分配任务、规定和执行纪律，直到产品的分配，既要照顾到共同利益，又要体现多劳多得，这一整套环节对社会组织的发展是非常重要的。可以说，没有狩猎，就没有这一系列的游牧帝国。

　　游牧民族在打仗的时候可以非常自然地和狩猎接轨。首先，因为狩猎的要求，牧民从小练习骑射，这门功夫一般人没几年根本练不下来，但牧民从小就培养出了这种能力。再就是战术，打包围战、伏击战之类，狩猎的办法用于战争同样有效。如果敌方不了解、不习惯这种战法，那就要大吃苦头了。游牧民族习惯于以狩猎的方法打仗，对于敌军，不是很正面地面对面，而经常要围起来，看情况再处理。蒙古人比较厉害的地方在于，它把狩猎的理念从战术层面上升到战略高度进行操作。

　　狩猎的对象分为两种，一是禽类，二是兽类，以鸟为对象的，其娱乐成分较多，多半是用鹰来捉捕，可汗们所用的是敏捷的海东青。以弓箭射鸟，更要把鸟和箭的距离与速度计算恰当，才可射中，不然弯弓射雕，又有什么奇特呢？现代用枪，较之以往，简便多了。狩猎除了具有军事性的围猎外，用猎犬也是可汗们行猎的方式之一。

　　过去蒙古人的打猎活动，大体上从秋末冬初开始一直坚持到第二年的初春。其他季节也有打猎的，但不是主要的。

之所以在秋末冬初开始打猎是因为"九月狐狸十月狼"，在九、十这两个月（指农历而言）猎取的皮张质量高，绒毛适当，毛皮成色好，特别是就狐狸来说尤其如此，因为狐狸毛皮极为珍贵，错过了此期间猎取到的狐皮，成了"老皮"，就不适于做裘皮了。其经济价值和实用价值也都不高了。所以即使在初春季节，一般人们不大愿意猎取狐狸。

打猎除射击之外，无论驯犬、调鹰，都是利用动物心理，需要纯熟的技巧。这也是草原狩猎艺术之一。例如，猎黄羊只能一头一头地瞄准，否则便一无所获。对于每一种猎法，都有特别的技巧。打中而不伤他的皮毛，才是一个优秀的射手。在步枪使用之前，除了用弓矢长枪外，一个短而有练的铁锤是专为猎狐兔而准备的。此外，陷阱、夹套等，也都使用。

男儿酷爱狩猎场

18

　　狩猎是蒙古古代部落重要生活来源和经济生活之主要补充手段。居住在森林里的部落先民主要以狩猎为生，草原游牧民以狩猎作为生活资料之补充。

　　关于蒙古人特别是蒙古贵族对狩猎的痴迷，拉施特所著《史集》第一卷也有记载："有一天成吉思汗向孛斡儿出那颜问道：对男子汉来说什么是最大的快乐。孛斡儿出那颜说：'男子汉带着冬季脱掉羽毛（现在重新）长满羽毛的灰鹰，骑着养肥的好马，穿着好衣服，在初春时出去猎取灰头鸟，这就是最大的乐趣'。成吉思汗对孛罗忽勒说：'你也说吧'。孛罗忽勒说道：'放出

鹰鹘，看它从空中用爪子击落灰鹤并将其抓走，这是男子汉的（最大）快乐'。接着成吉思汗又问儿子们。他说：'打猎时放鹰，是人生（最大的）乐趣'"。

后来成吉思汗向他们说：只有战胜和征服敌人才是最大的快乐。通过成吉思汗与部属的对话，可以看出当时的蒙古族男子都认为只有狩猎才是人生最大的快乐。也是在相关记载中我们还知道，蒙古人的狩猎活动往往是在大规模的军事行动期间举行的，或战事前后，或行军之间。这应该是在打猎补充给养的同时使军队保持最佳战斗力的一种主要手段。

1219—1225 年成吉思汗西征期间，在战争的间隙，大概是1223 年的春季，他和儿子们在忽兰巴乞草原上举行了一次忽里勒台大会。在这段日子里，他的将士们经常进行大规模的狩猎，并以此为乐。《世界征服者史》记载了这期间蒙古军关于狩猎的两件事。其一：察合台和窝阔台则赴哈剌库耳，猎取天鹅为乐，每

一周，作为他们狩猎的样本，他们用五十头骆驼把天鹅送给成吉思汗；其二：那年冬，成吉思汗驻扎在撒麻尔干境内，从那里遣使招长子术赤，教他从钦察草原出发，把猎物（多系野驴）赶来。遵从父命，他从钦察草原赶来大群野驴，据说野驴的蹄子在途中磨损，因此会给它们安装上掌。成吉思汗和儿子们、军士们到达一个叫兀秃河之地，上马游乐，猎取野驴。他们上马追逐，但野驴因疲劳过度，简直可以用手捉住。等他们猎厌了，便在猎得的野兽身上打上自己的印记，把它们放掉。

狩猎业是蒙古古代部落重要生活来源和经济生活之主要补充手段。居住在森林里的部落先民主要以狩猎为生，草原游牧民以狩猎作为生活资料之补充。他们还被定期征集参加大汗和各级那颜的围猎，其规模之宏大，颇为壮观。史载，围猎在12世纪的蒙古人的社会生活中占有非常重要的地位，且常与战争并提，是兼体育、军事、娱乐为一体，颇富刺激性的文化生活，故围猎活动成为12世纪蒙古男儿之最大快事。蒙古人通过始自幼儿的长期培育训练，自然弓马娴熟，谙围猎、善杀伐，不仅具有吃苦耐劳的坚强果敢的刚毅品格，实战的训练又造就了他们严守纪律、协同配合的战斗作风。蒙古男儿个个都是威武剽悍的勇士，冲锋陷阵的凶猛骑手。

《蒙古秘史》记载：蒙古人在塔塔儿人的营盘里面拾得一个小儿，他鼻子上带着金圈，穿着貂皮做里子的衣服。人们将他送给诃额仑母亲，收为养子。这个小儿名叫失乞忽都忽或失吉忽都忽，后来成长为成吉思汗最忠诚的部将之一。雷纳·格鲁塞在《蒙古帝国史》中记述道："拉施特叙述了一段轶事，显示出这位征服者对于这个养子有着深厚的感情。'几年之后，成吉思汗按照游牧生活的习惯，在天气酷寒和积雪很深的时候移营，在路上，大家看见跑过一群麋鹿。失吉忽都忽这时候已经十五岁了。他对成吉思汗的御帐管理人屈出古儿那颜说，他很想去追赶这些麋鹿，因为在积雪上面，它们跑得比较慢些。他得到了允许，于是出发了。到了晚上，大家停留下来的时候，成吉思汗问起失吉忽都忽，有人告诉他，失吉忽都忽出去狩猎麋鹿了。成吉思汗大怒道：'这个小孩子要冻死了！他对御帐管理人发怒以至于用车辕打他。然而年轻的失吉忽都忽回来了，并且告诉大家，在三十头鹿中被他打死了二十七头。这个青年勇敢的行动使成吉思汗大为惊异。他于是命人寻觅猎获物，果然都铺在雪地上面。'"

蒙古人对幼儿正式进入骑射游牧生活，有着相应的隆重仪礼，即拭血礼。《多桑蒙古史》第一卷第一章这样记载："1224年，成吉思汗二孙忽必烈、旭烈兀，即后来君监两国之君主也，自叶密立河附近，及乃蛮、畏吾儿旧日分界之地来见。

忽必烈时年十一，射获一兔，旭烈兀九岁，获一鹿。蒙古俗儿童猎者，应以肉与脂拭中指，兹成吉思汗亲为二孙拭之……"。另《史集》也有为合赞汗八岁时首猎涂油脂的记载，这种隆重的首猎礼，无非表示先祖以来以狩猎为生兴起，初猎成功，如经祝福拭血之仪，往后狩猎，不仅矢不虚发，而且一生吉祥，事业蒸蒸日上。

这种凡一生之第一桩事必进行祝福的习俗，现代仍在蒙古地区流行。当孩子刚学会骑马时，要把他扶到輠了鞍子的老实马的背上，由父亲或兄长牵着马到近邻家接受祝福，无论到谁家门外，总有一位长者迎出，在孩子额头上吻一下，说一句诸如"愿你成为英雄好汉"之类的吉利话，在马的额头上涂抹一点脂肪和黄油，往孩子怀里塞一把糖果。当孩子出猎时，长者要祝福他们成为好猎手，将野兽的血或黄油、脂肪抹在弓箭上，把孩子开弓的拇指予以抹画。可见蒙古族对骑射自古至今都作为一种最庄重而神圣的事情看待，蒙古人总是把这种首次祝福礼仪看成是用不之尽的精神食粮。

蒙古历史上许多在狩猎和战争中的神箭手被人传颂，在《蒙古秘史》里面，诗一般的叙事继续下去。塔阳看到蒙古人中军的

统帅者是拙赤哈撒儿，那位具有赫拉克勒斯一般的膂力的无敌射手，札木合对拙赤哈撒儿的形容更增加了这个不幸的乃蛮君主的恐怖，札木合说："这是诃额仑母亲的一个儿子，用人肉养大。身有三庹长。一次吃一个三岁大的牛。披三层铁甲。他可以将一个人连弓箭吞下去而不碍着喉咙。发怒时，隔山射箭，十人、二十人穿透。草原上隔野而射，将人连甲穿透，大拽弓射九百步，小拽弓射五百步。生得不似常人，这是拙赤哈撒儿"。《史集》也记载着合赞汗一箭造成山羊九处伤的神奇故事。

不过，骑射随着历史的变迁而逐渐衰退，至今只作为一项男子游艺活动保留下来。

各具特色的打猎围

19

　　蒙古族根据狩猎对象的不同，分为打兔围、猎狐、黄羊围、野猪围、猎狼等。

　　围猎既是古代蒙古人组织群体狩猎的主要方式，也是保留至今的一种狩猎方式。《黑鞑事略》记载："其俗射猎，凡其主打围，必大会众，挑土以为坑，插木以为表，维以毳索，系以毡羽，犹汉兔罝之智，绵亘一二百里间，风扬羽飞，则兽皆惊骇而不敢奔逸，然后蹙围攒击焉"。《双溪醉隐集》卷六《大猎诗》注："禁地围场，自和林南，越沙地，皆浚以堑，上罗以绳，名曰扎什实，古之虎落也，比岁大猎，特诏先殄虎狼"。这种围猎情况在志费

尼的《世界征服者史》和拉施特的《史集》中均有记载。民间围
猎当然不如上述官方围猎那样阵式庞大，其围猎的某些具体做法
也可能有些变化，但围猎野兽，缩小包围圈，向一处挤压，最后
由神箭手射杀这一基本围猎形式大致相同。蒙古谚语常说："给
明智者说话，为神箭手趋兽"。这种相沿成习的狩猎方式已成为

人们的民俗谚语，可见其流传之久远。

蒙古族根据狩猎对象的不同，分为打兔围、猎狐、黄羊围、野猪围、猎狼等。

打兔围：兔子和黄羊一样跑得飞快，虽然不凶猛，但是体态灵巧，亦不易捕捉。俗话说："兔起鹘落"，可见其速度之快。猎兔有时用设陷网的方法，有时放猎犬去捉，有时也集体打围。在历史上，牧区和半农半牧区的蒙古人从每年阴历正月十七开始到三月一日期间，每逢单日都举行猎兔围。

打兔围与打黄羊一样，都需要猎手们有高超的骑术和狩猎技术。能不能获得丰富猎物，全在猎人骑术的高低和坐骑的快慢上。在发现猎物后，骑手便飞奔而去，待靠近猎物之后，从马上飞跃而下，马的前后左右四个方向，他们都能做到上下自如。有抽鞍鞒从前面飞下的，有推鞍鞒从后面滑下，也可以蹄镫从右边或左边下来。骑手们忽而从马上跳下，拽出腋下腰里的偏缰，跳下马去争抢猎物，忽又跃马执鞭，向前追捕，其英姿飒爽酷似驰骋疆场的一员猛将！令人惊叹不已。但不管他们怎样下马，总是不离马的左右。因为富有素养的马是不会离开自己的主人的，即便主

人撒开缰绳后，马仍然站在原地或追随主人向前跑。每年的正月十七和四月十七两天，巴林的猎手们都要在陶乐图查干花进行的猎兔围，场面热闹非常，骑术令人叫绝。此时往往是札萨克王爷亲自莅临，坐在高处观赏。

在这种围猎中，没有什么埋伏一类的分工，一般只在野兔多的地方自由狩猎。在猎兔的时候，其分配原则一般是遵循"先入为主"的原则。即谁打死或射死就归谁所有。对于在打围中被猎犬捉住的兔子，哪个猎手先下马拿到手就归谁所有。如果哪个猎手眼尖，首先发现藏在窝里的兔子，大伙包围起来，推举眼疾手快又有准头的人打。打死的兔子归首先看到的人所有。如果打兔的人没有打中，兔子窜出之后被包围的人打死了，也归先看到的人所有。但兔子一旦跑出了包围圈，该怎样打、该谁获得则另当别论了。

猎狼：狼是本性狡猾且凶残的动物，草原上生活的牧民最怕它来糟蹋自己的畜群，所以在长期的生活中，人们积累了丰富猎狼的经验，通过一些巧妙的方法既为草原除了害，又保护了自己的畜群。

狼是狡猾的动物，它能够认人、

认马、认踪，只要是看到地上有猎人的脚印，他就不会再往前走，而是采取迂回战术避开猎人的追杀。所以没有经验的猎人常常被他弄得筋疲力尽却一无所获。有的甚至追踪几个月都打不到一只狼。因此，猎狼是最讲究技巧的一种狩猎形式。

有经验的猎人都知道，猎狼要从其生活习性来寻找其出没规律。经过多年的观察和实践，猎人们总结出：清明时节掏狼窝；五月里撵狼崽；八月里围追堵截；十月里猎发情狼。

狼在阴历十月发情，来年的清明前后便产下了幼崽，产崽后，一周之内不出洞穴，这时就可以趁机去掏狼窝，一般很容易活捉狼崽子和母狼；若过了一周，狼便要到处活动了，行踪不定，就很难猎获了。

五月里，狼崽已出生二、三个月了，可以跟着母狼到处觅食了。但是幼狼年幼无知，不识饥饱，加上五月骄阳似火，夜里吃得太多，到了白天，太阳一晒便耷拉着舌头走不动了，这时候猎人们不用猎犬也不用马匹，徒步就可以撵上狼崽，若遇到母狼回来找寻小崽，还可以连它一起擒获。

　　八月份是动物的"嫩蹄季节"。因为这个时候正是蒺藜出硬刺的时候，所以，野兽们在上面奔波，蹄掌都磨得薄薄的，跑不了远路。所以是撵狼的最好时机。若是到了九月寒露，其蹄掌就硬了起来，追赶也不那么容易了。每到这个季节，猎人们就事先做一个精心的安排，在狼经常出没的地方形成一个包围圈，边侦察边往小缩。到了一定程度，派人进去惊吓狼群，狼自然是四散逃窜。猎人们欲擒故纵，散开一个缺口放它们跑，同时派一人骑快马追赶，接着再换第二匹，两三匹快马换下来，狼就顶不住了，趴在地上瞅着追赶它的猎人，好像在纳闷："为什么跑了这么远，他们就不累呢？"这时另一个猎人悄悄跑到它身后，用马棒冲狼的后脑勺将其打晕，就可以将其擒获。有经验的猎手在猎狼时候，往往是先追赶一阵，当它力气不支的时候，飞马擦着狼的身边，故意让狼咬住自己蒙古袍的下摆。就在这一瞬间击中他的鼻梁，一棒打死。遇到有仔的母狼，就先将母狼打死，然后烟熏其洞穴，熏死狼仔。需要指出的是，在此期间，必须先打死母狼。倘若打死了狼仔而漏掉了母狼，后者就要进行疯狂的报复，事后往往要死很多的牲畜。

猎狼的最好季节是十月，因为这是狼的发情期，常常是一只母狼后面跟着十几只公狼。这时可以用铁夹子，也可以用猎枪来猎获。若用夹子猎取，可以先用一只死羊来引诱狼，一只羊吃完后，狼就很容易上当了。等狼再来吃羊的时候，嘴就落在了猎人事先准备好的夹子里面了。此时，狼肯定会后悔自己的贪嘴和麻痹大意，但悔之晚矣，迎接它的死神已经在向它招手了。若用猎枪则必须注意：猎狼人一定要从狼群的后面猎杀，因为杀死一只雄狼

没有什么关系，若是杀死了带头的母狼，那猎人便会处于狼群的包围之中，这是十分危险的。

黄羊围：蒙古人称公黄羊为"敖高瑙"，称母黄羊为"西日嘎勃"，称黄羊羔为"英金嘎"。打黄羊围，是一种赛人、赛马和赛狗的绝妙游戏。因为黄羊跑得非常快，所以在围猎时选择的都是"宝马良驹"，猎狗也是经过训练的"超级侦探"。巴林塔玛干台的黄羊围是闻名整个其古鲁干（指集会、会盟）的大型围猎，而居住在巴林东部塔玛干台（今胡尔哈苏木）一带的奈曼苏木的骑猎高手们是这种围猎的中坚力量。

塔玛干台的黄羊围是在清朝顺治年间就形成的五段长围。每年只举行三次大型的黄羊围，即每年阴历五月初一、十三、二十五这三天。除了规矩定这些日子围猎外，别的时间是不许猎黄羊的。在黄羊围开始的那一天，附近凡是能够拿得动布鲁棒的男人都须参加打围。其时满山遍野皆是骑马牵狗的人，人喧马嘶，宛如一场盛大的那达慕大会。

黄羊的特点是速度极快，成群奔跑。猎人们要从成百上千奔跑的黄羊中选择几只好的带头公黄羊一个接一个的分段追逐。若是春暖花开的时节猎黄羊，不可用枪猎杀，而应采取分段纵马放狗追赶的方式捕获。当黄羊被疲劳战术整得没有力气的时候，猎人们即可驱狗将其拽倒，而后捕之。还可以用布鲁棒将其打倒或用马撞击而擒之。更有甚者，一些骑术高超的猎人，乘快马追赶到近前，便从马背上飞一般跳下去，生擒黄羊。这一幕精彩的"表演"，不亚于当年武二郎

赤手擒虎景阳冈。

把黄羊打倒之后，猎人们纷纷纵马飞驰而来，下马后用利刃将黄羊活着卸开，按先来后到顺序将猎物分给大家。猎人们的这种"活卸黄羊"，还有一个很有意思典故。

据说在很早以前，自以为跑得飞快的黄羊和猎人打了一个赌，与猎人进行赛跑，并立下誓言，如果你们能撵上我，并且捉住我，我情愿活活让你们卸取胸脯肉，反之，猎人永远不可问津黄羊。聪明的猎人挑选出同一种毛色的100匹骏马，以"五段长围"的方式，摆下长蛇阵追赶黄羊。撵上后并生擒之，可怜的黄羊就这样活活地被卸去了它的胸脯肉分给了参加打围的众猎手。其实黄羊所想的是"一对一"的竞赛方法，即与一匹马进行比赛，可惜它没有表述清楚，让猎人们钻了空子。

喜获猎物之后，猎人们就开始论功行赏，分取应得之猎物。蒙古人分黄羊肉的规矩是这样的：猎获者分得珠力德，但不得先动手来卸。猎获者，即头一个用布鲁棒将其击倒，以坐骑将其撞

倒，放狗拽倒黄羊或活捉它的猎手。"珠立德"是蒙古语，即猎获物的连着头颅的整副心肺。有些猎物的心肺，以及肝是珍贵的药物，因而很值钱。猎人将珠力德带回家以后，挂在阴凉处晾干保存起来。若猎获的是公黄羊，要用偏缰系住他的犄角；若猎获的是母黄羊，要用偏缰拴住它的脖子。猎获

者抓着偏缰站住"下马点"旁边等候众猎手。

　　头一个到达的人有权索要荐骨部分，在卸取的时候，若是公黄羊，可取连着皮的尾巴和睾丸，若是母黄羊则卸取它的尾巴，站在原地等候其他人的到来。随后到来的第二名和第三名猎手，领取到剥皮后卸取的黄羊的两只后腿；第四和第五名骑手则得到剥皮后卸开的黄羊的前腿；第六名猎手卸取连着皮的胸脯；第七名猎手拿到脊背；此时，第一名到达的猎手便将自己手里拿着的黄羊尾巴作为证据，当众卸取带胯骨的骨叉；还有第八和第九名到达的猎手，只能卸取黄羊的四根肋条；有时第十名猎手能够得到黄羊的肝脏。最后，亲手捕获黄羊的猎获者取黄羊的珠力德、整张的皮子、颈椎、短肋和四只蹄子（黄羊蹄子是做马鞭柄最理想之物）。如果对谁打中有争议的话，那就把该猎物放在一定距离以外，让争议的双方用自己的武器各击三次，全中者就可以得到猎物。如果双方都是三次不中，主持官就断给穷猎人，如果无端起争议，就用响鞭责打之。

虎围是一种善举，也是一种壮举，但其中的危险性也很大。

蒙古族狩猎方式很多，据马可·波罗记述，忽必烈曾以花豹、山猫、狮子猎取野猪、野牛、驴、熊、鹿、獐，用大隼鹘鹰捕狼。骑射狩猎是当时的主要方式，也是蒙古族男子技能的重要内容，行猎而得神箭手称号者，人人钦佩。

在蒙古族的狩猎活动中，猎虎是最为惊心动魄的一种，他们不但要与猛虎搏斗，还要运用智慧去制服"兽中之王"。清代，在内蒙古的昭乌达盟、锡林郭勒盟和察哈尔蒙古东四旗接壤处曾建立了木兰围场进行秋弥，喀喇沁旗地处木兰围场东郊，素有东围场之称，植被丰茂，野兽甚多，常有猛虎出没，伤害人畜。乾隆年间，皇帝巡幸木兰围场，喀喇沁右旗、中旗（现宁城县）、左旗（现喀喇沁左翼蒙古族自治县）奉命选旗丁60人训练虎枪手，

授予喀喇沁王以"管理三旗虎枪营事务"的头衔。于是喀喇沁王
从每个苏木里抽出 1—2 名猎手，共 60 名集中在王府瓦房东侧。

称"杀虎营子"（即今四十家子），其时，每户拨给山地、平地各6亩以为生计。如遇皇帝巡幸木兰，先期进围供职。皇帝回去后，则恢复平常。

猎虎决非轻举妄动之事，必须有精锐的队伍和缜密的计划。以喀喇沁虎围为例：喀喇沁王将集中来的60人编为六队：健锐队（或寻踪队）、劲强队、坚固队、扶翼队、精壮队、肃勇队，每队10人，派专人把守要隘。围猎时，每队之后各备炮手10人援助。炮手之后又各有撒袋5名。撒袋及弓箭手，由王府的侍从等人编成，兼负监督队伍进围和往来联络之责。此外，还备有骑马民夫几十个人，专供随时差遣。这样算下来，一次大型的虎围要200人左右。在虎围的队伍中，总管是主要的管理人员。他负责管理围场一切人员的勤怠赏罚，看地形，配置队伍，指挥进退等一切事物。总管以下有帮办2人，协助总管管理围务。帮办以下有围务笔且齐2名，专任文案事宜。

虎围人员皆要穿灰色马褂、战裙、秋帽，貂尾以大绒代替；腰带火镰、小刀、足履战靴；还有短柄镰、斧、铁腿齿等。总管身后随带红方木旗一杆，以便在深山密林中标示总管所在地。围场两侧各设蓝方木旗两面，上用白布写着左翼或右翼字样，作为围首围尾汇合的暗号。各队之后备有小白飞虎旗若干，以标示队伍所在位置。还有两面小红旗，上面用白字写着"召集虎围"字样，这是合围时调动左右两翼的令旗。

一切准备停当后，在九月初一，札萨克衙门下达通知："时至秋令，树叶变黄，猛虎野兽，易伤牧养，各家牲畜，如有被伤情形务须速速来报，以凭捕获。若其隐匿不报，必然重咎不贷。再者，虎围各员，勿得远出，必须在家听候，修理器械，勿稍疏懈。并令，于本月十五日，齐集衙门"。到了九月十五日，札萨克王爷开始检阅虎围队伍。检阅的时候，札萨克王爷穿围服在府门前月台升帐，由围猎总管上前报告，笔且齐呈上点名册，一一点名，凡因病告假或公出未归的，都在名下注明。随后，查点器械，评定勤惰，嘱咐所有人员在此期间在家听候命令，不得远出。

从九月十五日起，札萨克衙门每天派四人轮流值班听差，一旦听到老虎出没的消息，不分昼夜召集虎围。先由王爷召见管围总管，商议集会地点、时间，传谕听差，各持召集虎围令旗，飞驰左右两翼，一面大喊："集虎围了！……"蒙古人素习此规矩，一旦听到召集虎围的喊声，问明情况，立刻通知围虎成员。并且此人立即洗漱，吩咐家人料理饮食。其父母子女，则备马，收拾装束、武器，且在佛前点灯焚香叩拜祝祷。差员饭罢，披挂整齐，端起佛前正燃着香的香炉，右转三匝，接着又将坐骑熏过三匝，向佛前叩拜祷告，并请下护身佛佩在胸腔。全家人一起将他送出门外，谆谆嘱咐诸事小心，平安而归，欢喜见面。

虎围集中后，王府管家通知家庙宴请喇嘛9人或12人在府门诵经，又在府门外安之大炉满烧香柏之叶，烟气冲天，锣鼓叮咚，号角齐鸣，猎人集齐。札萨克身穿围服出立于月台之上，由王爷祝以吉祥之词：

> 罕山之福无疆，
>
> 所猎收获无量。
>
> 神佛保佑无私，
>
> 立盼捷旗飞扬……

队伍全部出发后，王爷回到内殿。喇嘛念"启运经"，每日三次。

围猎队伍要进行的第一步工作就是"寻踪"。出发前，寻踪队要从就近的店铺里硬性捉拿肥犬一只和双响炮若干。到了预定的地点以后，首先察看被伤害牲畜的区域，若发现虎踪，即履迹寻踪，那只狗便退还其主人。若踪迹不清，则把狗拴在树根上，割去周围深草。犬见人散去，狂吠不已，此时，若虎在附近，必欣然前来吞食，那只狗自然就成了虎的美餐。虎在吃完肥腻狗肉后，不能远走，所以便在就近丛林中酣睡。

次日早晨，寻踪队前来查看虎迹，见犬之血渍便知有虎，立刻飞报总管。总管一面报告旗王，一面依寻踪队的报告，在其山林进口处驻队。察明地势后，沿山脊鱼贯而入，在要害部位留下守卫队伍，王爷在某一高山留下来，其余队伍进入指定位置。当看到两翼的蓝旗汇于谷口某处，即知合围完成，便令各队都在指定地点列成横队，炮手紧跟枪手，寻踪前进。

寻踪队经验丰富，能辨别虎踪的新旧。如遇水塘及谷地低洼处，他们就用柴棍树枝测量虎步的远近，来回几次，便会准确无误地将两岸踪迹连起来。确知离虎不远时，彼此各递暗号，加强警戒。见到老虎，先辨毛色，再分其雌雄。雌者性柔狡猾而难制，雄者刚猛气大易捕获。还要看它是熟睡还是警醒，遇到卧地不起亦不怒者，寻踪队员便在枪头上绑鞭炮燃放，同时大喊：虎已找到，在某个方向，某棵树下，或树旁有什么记号等等，使大家都知道老虎的位置。虎受惊激怒，张口伸腿，以尾左右击地，当前爪抓地欲越时，猎人们各自将枪柄插地，左足在前，右足在后，双手紧握枪柄，枪头向前待立。等到激怒的猛虎张口一跳即将落地的瞬间，大家将枪头递入口中，顺势从舌根刺入颅内，而在吞口处由两侧的铁棍卡住不让老虎落地。如果没有这个铁档，枪从虎头穿过，

猛虎又不是即刻毙命，必然会伤人。即使如此，还要慎防虎的前足拍断枪柄，因此，当刺中之后，两旁炮手立即开枪，袭击虎的两腋或头顶，使其速毙。待查看后确认老虎已毙命时，按照古俗，猎人们大喊："罕山之主，赐予无疆"。

遇到狡猾而不动气，见人躲避，寻隙逃匿的老虎，不可紧追或放枪袭击。因为一旦中弹而不立毙命，匐地而来，其行如风，其力无穷，枪炮无济，就太危险了。此时只可紧喊虎的去向，使其他各队警惕。其他各队仍会用同样的办法，列队截住去路，激怒而捕之。同时要登高瞭望，暗地追随，以防老虎再次受惊而逃远。这样一直坚持到确实掌握它伏卧某地，再行调队另行合围。如果还不上围，只好由它而去。不过，虎能逃脱的情况一般很少，据说，偶尔逃脱者几十年不过一两次。

围猎队伍雄赳赳，气昂昂地归来，会受到札萨克王爷和父老乡亲的热烈欢迎。札萨克王爷亲自迎接，并请喇嘛诵"启运经"，吹响大海螺，王府前巨大香炉点燃，香烟缭绕。虎围成员陆续到齐后，

夹道列队，各举枪械，互相交叉。总管帮办引导载虎车辆从交叉的枪械下通过，把猎物送到旗王面前请求过目。旗王吩咐将虎抬进府门，吊在树上。虎围成员参见旗王，旗王便问杀虎之人，这个人应声跪地。旗王假意动怒："何故擅杀山兽之王？鞭笞二十！"据说是为了消除杀气，所谓鞭笞，也不过是走形式而已。之后，旗王进府，设宴招待，论功行赏。杀虎英雄坐首位，总管以下

按顺序落座。旗王亲手赏酒，有功人员顶戴各升一级，并赏袍褂、火镰、小刀、茶叶等物。

虎围人员的家属，也早已迎出村外，前呼后拥地接回来打虎英雄，大加慰劳。打虎英雄们也将护身佛请下，列于佛龛前，烧香、燃灯叩拜之后，合家饮酒，畅叙围中见闻，其中乐趣自不必言说。

虎围是一种善举，也是一种壮举，但其中的危险性也很大。据说有一年，东土默特旗贝子色楞那木吉勒旺宝因有事来喀喇沁，喀喇沁王约他围猎消遣。从龙泉寺沟门向里进围，寻踪之际，谷底突然跃起一豹，前足搭于总管帮办桑嘎肩上，正要啃他右脸和眼眶，有一炮手从侧面向豹的耳根射击，豹应声而毙。而桑嘎已失一目。此后，桑嘎仍然出猎，而左目瞄准依然百发百中，一时间传为奇谈。

近几十年，喀喇沁一带人口剧增，自然植被被严重退化，虽在深山老林，虎豹之类已属罕见，虎围也就派不上用场了。即使是有，濒临灭绝的老虎也是国家级保护动物，是不允许私自猎杀的。但不管怎么说，蒙古族人民的那种豪迈的英雄气概已经留给了我们，明知山有虎，偏向虎山行！

哈撒尔拥有善射者的美誉，在万千勇士之中，始终闪烁着威武的荣耀之光。

在蒙古史籍中，弓箭时代最具代表性的人物，当属成吉思汗的弟弟哈撒尔。蒙古文献均称哈布图·哈撒尔，即射箭好手哈撒尔。哈撒尔以"神箭"著称，时人赞其"勇力善射""矢无虚发、应弦而倒"。

拉施特《史集》记载："他（哈撒尔）的肩与胸很宽，而腰很细，故他侧卧时，能让一条狗从他的肋下穿过。他力气很大，能用双手抓住一个人，将他像支箭般地折成两截，将他的脊椎骨折断"。据蒙古历史学家萨囊薛禅记载：一次，成吉思汗要他射一只空中翱翔的秃鹫，百发百中的射手哈撒尔问："你要我射中秃鹫的哪个部位？"成吉思汗说："要射中其头部黄纹与黑纹之间"。哈撒尔即张弓搭箭

射去，秃鹫应声一头栽了下来。经过查看，箭射中的部位恰恰是成吉思汗所要求射中的部位。

成吉思汗曾评论说："有别里古台之力，哈撒尔之射，此朕之所以取天下也"。成吉思汗特别看重与他患难与共的胞弟哈撒尔。成吉思汗获得巨大的成功，是离不开哈撒尔的支持的。在每个重要关头，哈撒尔都能挺身而出。在成吉思汗黄金家族中的全体叔伯和堂兄弟之中，只有哈撒尔坐于宗王之列，其余都坐在异密（侍卫、随从，此处指亲王）之列，由此可见哈撒尔在黄金家族中的地位。

1206 年，蒙古高原的各部落首领在斡难河（即今鄂嫩河）畔聚会，铁木真被一致推举为全蒙古的 "大汗"，尊称"成吉思汗"，建立大蒙古国，开始了蒙古史上的新纪元。成吉思汗称帝前，曾在其帐殿周围设立一支卫队，任命哈撒尔为兀勒都赤（指挥者），负责斡耳朵（大汗营帐）的警卫和监督的重任，同时，哈撒尔可以直接参与汗廷的军机大事，并协助其兄长成吉思汗完成统一蒙古诸部的战争，成为大汗的佩刀保卫者、勇猛的扈从和得力的助手，为建立蒙古帝国的宏图大业立下了汗马功劳。

成吉思汗建立大蒙古国后，加强和扩大了"怯薛"（禁卫军）制度，扩编带弓箭的"豁儿臣"（大箭筒士），即科尔沁护卫军。"科尔沁"一词源于鲜卑语，意为带弓箭的侍卫。科尔沁军事机构为"怯薛"执事之一，从各"千户""万户"中精选年轻力壮、武术高强、箭法出众者组成二千人的"科尔沁"，连同"各千户内选拣得宿卫八千人"共同组成一万人的亲军。科尔沁这个军事机构，平时是负责护卫"帅帐"的卫队，战时为冲锋陷阵的主力。到了 15 世纪初，哈撒尔及其后裔在分封领地上游牧生息，繁衍壮大。"科尔沁"一词，也渐渐由军事机构的名称，演变成哈撒尔后裔所属各部的泛称，成了著名的科尔沁部。

　　哈撒尔王的弓，

　　陶克陶胡的箭。

　　一代神弓哈撒尔大王，

　　性情虎豹般勇猛，

　　两脚精钢般结实，

　　双臂坚凿一般强硬。

　　无论是位于郭尔罗斯成吉思汗召内的哈撒尔塑像，还是坐落在查干淖尔湖畔的陶克陶胡雕像，表达的都是对于"箭气之美"的崇高赞美。

　　哈撒尔拥有善射者的美誉，在万千勇士之中，始终闪烁着威武的荣耀之光。据载：哈撒尔用大弓放箭，能射九百步，小弓放箭，能射五百步。这种"箭气之美"，影响着一代又一代的蒙古人。

　　摔跤时，

　　像出山猛虎一样的，

　　是我挑选的情人哟。

　　赛马时，

像野鹿一样敏捷的，

是我挑选的情人哟。

拉弓时，

像满弦之月一样的，

是我挑选的情人哟。

性情哟，

像燕子一样善良的，

也是我挑选的情人。

……

——《摔跤歌》

这是一首流传在蒙古族婚礼上的《摔跤歌》，充分体现了蒙古族女子在选择爱人时的四种审美情趣，即"人与力量""人与骏马""人与弓箭""人与道德"互为一体的心理需求。

1203 年，合兰真沙坨之役，成吉思汗准备不足，寡不敌众，被王汗打败，"尽失辎重、粮食，部落离散"。仅率札八儿·火者等十九骑逃至哈拉哈河上游。在最危难关头，哈撒尔不顾夫人阿勒坦及长子也苦、次子也松歌被王汗大军所俘，独携三子脱忽和几个伴当，东行援救其兄。一直寻到巴儿渚惕海子，终于与其兄会合。

其后成吉思汗与哈撒尔商量破王汗之策，哈撒尔献出诈降之计，派出两名亲信到王汗驻地，诡称自己的妻儿都在王汗处，愿意投奔王汗义父合兵一处，王汗信以为真，派遣克烈部的亦秃儿坚迎接哈撒尔。这时成吉思

汗与哈撒尔已向克烈部驻地进军。亦秃儿坚发觉中计，想要逃跑，却被哈撒尔擒获。成吉思汗与哈撒尔从其口中得知王汗毫无发觉，正在摆宴作乐。于是率兵日夜兼程，以迅雷不及掩耳之势，将王汗、桑昆父子包围在折额温都儿山隘口（今蒙古乌兰巴托东南）。双方苦战三昼夜，最终王汗战败，逃至漠北的捏坤水，被乃蛮人擒杀。至此，蒙古人的劲敌、最强大的克烈部被彻底粉碎，在这场战争中，哈萨尔起到了决定性的作用。

　　1213年秋，成吉思汗兵分两路对金展开了强大的军事进攻，命哈撒尔组成左路军，深入到金国腹地，进攻中都以东各州府和辽西地区。哈撒尔一路奋勇作战，率左路军直逼金北京。北京（今

内蒙古宁城县）金朝大将奥屯襄统帅20万大军不敌哈撒尔统帅的蒙古大军，奥屯襄大败并退守北京城，哈撒尔率军对北京城展开了强大的攻势，在凌厉的进攻下，守城金兵投降。

对金的作战充分体现出了哈撒尔的军事统帅和指挥才能，他的一生都为蒙古部落的统一和蒙古帝国的建立做出了伟大的贡献，因此，在蒙古族人民中影响深远。

故事链接：

英雄史诗《江格尔》之江格尔和洪古尔

江格尔原是一位可汗的后裔，因为部落被异族蟒古斯袭击，沦为孤儿，当时才两岁。他有一匹叫阿兰扎的骏马，比他长一岁。他在三岁时，便征服过敌人。五岁那年，不幸被一位大力士所俘。这位大力士看出江格尔将来必能征服世界，决心要消灭江格尔。可是大力士的儿子洪古尔反对，常常保护这位同岁的小俘虏，并结为同生死共命运的兄弟。在他们七岁那年，江格尔连续打败了七个国家，威名远扬，以后，至少有42个可汗的土地被他所征服，便在宝木巴建立了42可汗的联盟，首领是江格尔。

在白头山的西麓，是圣地宝木巴的海滨。那里，被檀树围绕，又有白杨树环抱。42个可汗请来了6000多名能工巧匠，选择了最好日子的最好时辰，破土动工，要在大草原最南端的地方，建造一座举世无双、巍峨壮丽的宫殿。宫殿四周永远照射着温暖的太阳，又是12条河汇聚的地方。宝木巴的标志是黄旗上面七个金色的太阳。江格尔蓄着燕翅般的胡须，披着黑缎外衣，坐在44条腿的宝座上。

江格尔的部下操着七种不同的语言，从事各种劳动，有的酿造美酒，有的缝制剪裁，有的放牧，有的管饮食……他每次宴请可汗们就在那华丽的宫殿，同时进行军事会议。一次要 500 辆车运美酒，每辆车要 500 匹快马，走 500 个来回。

江格尔视洪古尔是宝木巴的擎天柱，封为左贤王，坐左边的首席。每当遇到最凶恶的敌人，江格尔都要请洪古尔出阵，洪古尔对江格尔的事业来说，居功至伟。

江格尔有一天没有说明原因便突然出走了，这激起了勇士们的不满，纷纷离开宝木巴，都回自己的部落去了。只有洪古尔忠心无二，还在宝木巴守卫。

有一个强大的魔王西拉·胡鲁库，听说江格尔出走，众勇士都走散了，只剩下洪古尔一个人，于是召集了精兵良将向宝木巴进犯。据说，他的兵比土粒还稠密，比蚂蚁还多。

胡鲁库把江格尔的宫殿层层包围。他的旌旗遮天蔽日，好似一片苇丛；他的枪戟密密麻麻，好似湖中的蒲草。两军交战，胡鲁库的大臣躲在人群后面，向洪古尔射了一支毒箭，正中右臂。洪古尔边战边逃，最终神志昏迷被俘。洪谷尔被俘后，被敌人抽打了 8000 鞭，刀剐了 8000 下。敌人把他折磨完以后，又把他送进七层地下的红海的海底，设 72 道岗哨严加看管。再拖进地洞，遭受 12 层地狱的痛苦。

江格尔回到家乡，满目凄凉，从一位仅存的白发老人那里得知洪古尔的下落，决心要将其找回。江格尔开始了艰苦的跋涉，为的是探寻进地狱之门。他终于来到了第七层地狱。在地狱，他听说洪古尔从没有屈服，不断地呼唤着江格尔、兄弟们与他自己家族的名字。

江格尔碰到了一个可怕的女妖。这女妖长得又细又瘦，专门吃人肉，被江格尔的阴阳宝剑劈为两段，上身腾空不见，下身钻进地底，仍可复原。江格尔追到地底，发现女妖正对她的七个妖怪儿子说："地上宝木巴的希望——孤儿江格尔来了！他来寻找洪古尔。江格尔来到时，趁着洪古尔还在海底，你们打碎他的牙齿，拔掉他的舌头，让江格尔成为宝木巴的梦幻！"江格尔乘其不备，突然对他们说："我是你们黑夜的噩梦，你们白天的绝望，我就是江格尔，我来了！"他将七个迎面而来的妖怪儿子通通击毙。

江格尔还要继续寻找，是否还有什么隐藏的敌人。不料，忽听一个才三个月的婴儿从摇篮里发出了声音："昨天你打死了我的母亲，今天你打死了我的兄长，我一定要杀了你，为他们报仇……"说着，跳起来与江格尔扭作一团。这个小妖的本事远远超过他的母亲与哥哥们。双方搏斗了 24 天，不分胜负。江格尔的宝剑本来削铁如泥，可是一碰小妖，就不灵光了。小妖很自信地告诉江格尔，不出三个月，江格尔就会永远成为凋零的宝木巴的梦幻。

他们两人继续厮打，江格尔极力想找到小妖致命的地方。后来终于发现小妖胸口上有个针眼大的亮光，便迅猛地用宝剑刺向亮点，果真掬出了小妖的心脏。不料那颗心又化作三股烈火，包围了江格尔。江格尔祈求神灵和祖先帮助他摆脱妖怪的纠缠，于是上天降下一阵暴雨，将邪恶的妖火浇熄。

江格尔又经过不少苦难，遇到了一棵神树，据说这棵神树上的叶子可以让人起死回生，于是他从上边摘下了 20 片神树叶，继续寻找洪古尔。他来到了红海的海滨。这时，洪古尔早已死去，他的尸骨变成了一堆绿草飘来，江格尔用人筋做的绳索将木石连接，做成筏子，乘上筏子，抛出套索，并呼喊着宝木巴的口号。那套索竟然与绿草越来越靠近。江格尔把绿草拉上岸，这就是洪古尔的尸骨。江格尔把尸骨依次排好，把嚼碎了的神树叶吹到白骨上，慢慢地长出了肌肉。再将绿叶吹上肌肉，变成了酣睡的洪古尔。又放进一片树叶在洪古尔的嘴里，他苏醒了，大声呼唤着江格尔。

两位英雄热烈地拥抱在一起。崇高的友谊战胜了一切邪恶！

参考书目

1．郭雨桥著：《郭氏蒙古通》，作家出版社 1999 年版。

2．陈寿朋著：《草原文化的生态魂》，人民出版社 2007 年版。

3．邓九刚著：《茶叶之路》，内蒙古人民出版社 2000 年版。

4．杰克·威泽弗德（美）：《成吉思汗与今日世界之形成》，重庆出版社 2009 年版。

5．度阴山：《成吉思汗：意志征服世界》，北京联合出版公司 2015 年出版。

6．提姆·谢韦伦（英）：《寻找成吉思汗》，重庆出版社 2005 年出版。

7．宝力格编著：《话说草原》，内蒙古大学出版社 2012 年版。

8．雷纳·格鲁塞（法）著，龚钺译：《蒙古帝国史》，商务印书馆 1989 年版。

9．王国维校注：《蒙鞑备录笺注》，（石印线装本）

10．余太山编、许全胜注：《黑鞑事略校注》，兰州大学出版社 2014 年版。

11．朱风、贾敬颜（译）：《蒙古黄金史纲》，内蒙古人民出版社 1985 年版。

12．额尔登泰、乌云达赉校勘：《蒙古秘史》，内蒙古人民出版社 1980 年版。

13．（清）萨囊彻辰著：《蒙古源流》，道润梯步译校，内蒙古人民出版社 1980 年版。

14．郝益东著：《草原天道》，中信出版社 2012 年版。

15．刘建禄著：《草原文史漫笔》，内蒙古人民出版社 2012 年版。

16．道尔吉、梁一孺、赵永铣编译评注：《蒙古族历代文学作品选》，内蒙古人民出版社 1980 年版。

17．《蒙古族文学史》：辽宁民族出版社 1994 年版。

18．王景志著：《中国蒙古族舞蹈艺术论》，内蒙古大学出版社 2009 年版。

19．郭永明、巴雅尔、赵星、东晴《鄂尔多斯民歌》，内蒙古人民出版社 1979 年版。

20．那顺德力格尔主编：《北中国情谣》，中国对外翻译出版公司 1997 年版。

后记

经过反复修改、审核、校对，这套《草原民俗风情漫话》即将付梓。在这里，编者向在本套丛书编写过程中，大力支持和友情提供文字资料、精美图片的单位、个人表示感谢：

首先感谢内蒙古人民出版社资料室、内蒙古图书馆提供文字资料；

感谢内蒙古饭店、格日勒阿妈奶茶馆在继《请到草原来》系列之《走遍内蒙古》《吃遍内蒙古》之后再次提供图片；

感谢内蒙古锡林浩特市西乌珠穆沁旗"男儿三艺"博物馆的工作人员提供帮助，让编者单独拍摄；

感谢鄂尔多斯市旅游发展委员会友情提供的2016"鄂尔多斯美"旅游摄影大赛获奖作品中的精美图片；

感谢内蒙古武川县青克尔牧家乐演艺中心王补祥先生，在该演艺中心《一代天骄》剧组演出期间友情提供的"零距离、无限次"的拍摄条件以及吃、住、行等精心安排和热情接待；

特别鸣谢来自呼和浩特市容天艺德舞蹈培训机构的"金牌"舞蹈老师彭媛女士提供的个人影像特写；

感谢西乌珠穆沁旗妇联主席桃日大姐友情提供的图片；

感谢内蒙古奈迪民族服饰有限公司在采风拍摄过程中提供的服装和图片；

感谢神华集团包神铁路有限责任公司汪爱君女士放弃休息时间，驾车引领编者往返于多个采风单位；

感谢袁双进、谢澎、马日平、甄宝强、刘忠谦、王彦琴、梁生荣等各位摄影爱好者及老师，在百忙之中友情提供的大量精心挑选的精美图片以及尚泽青同学的手绘插图。

另外，本套丛书在编写过程中，参阅了大量的文献、书刊以及网络参考资料，各分册丛书中，所有采用的人名、地名及相关的蒙古语汉译名称，在章节和段落中或有译名文字的不同表达，其表述文字均以参考书目及相关资料中的原作为准，不再另行修正或校注说明，若有不足和不当之处，敬请读者批评指正和多加谅解。